JN016099

サニーサイドアップの
手とり足とりPR

THE MOST IMPORTANT BASICS

OF

PR

大手PR会社で
実際に使われている
実践マニュアル

Taught by

SUNNY SIDE UP Inc.

吉田 誠・亀山一樹・SSU社内マニュアル編集チーム[編著]

CROSSMEDIA PUBLISHING

はじめに

昨今、世の中に向けて発信される情報量は爆発的に増えています。その半面、一つひとつの情報を生活者が目にする機会や確率は大きく減っていると考えていいでしょう。

そのため、これからの時代、生活者に情報を届ける確率を上げるためには、「情報の質を高めること」が必須です。それにともなって、企業と生活者との間で良好な関係性を作るための「PR（パブリックリレーションズ）」という考え方が、これまで以上に注目されています。

一方で、単に「PR」＝「パブリシティの獲得」であり、「メディアで取り上げてもらえればそれでいいんだ」という理解が多くなされていることは、とても気になる点です。本来のPRの意味とは、もっと深い、「企業や団体が社会との良好な関係性を構築すること」だからです。

そこで、この広い枠組みでPRを捉えながら、読者のみなさんに課題解決のためのさまざまな手法を身につけていただきたいと思い、この本を刊行するに至りました。

ですので、本書の内容は、パブリシティ獲得など、いわゆるオーソドックスなPR活動やメディアプロモートの基本的なノウハウ・要点だけにとどまりません。デジタルマーケティング、フィールドマーケティングなど多様な手法それぞれについて、わかりやすく、具体的に書いてあります。こうした、いまやとても広い範囲に及んでいるPRの全体像を一冊でつかんでいただける

よう、網羅性を持って解説していることも、この本の特徴です。

　企業の広報部門の方、PRや広報の部署に配属されたばかりの方、物が売れないといわれるこの時代に苦心している方、再度PRに関して学び直したいと思っている方など、多くの方々にPRの考え方や幅広い手法について学んでいただければと思います。
　もちろん、それ以外の「PRについてまったく知識がない」という方でも、現在行われているPR活動というものについて、ひと通り理解していただける本となっています。

　本書は全部で6つの章で構成しています。まず第1章では総論として、PRとはどんなものなのか、何が重要なのかといった「私たちの考えるPRの全体像」を解説します。第2章から第6章は各論で、「手法としてのPR」「プランニング」「メディアプロモート」「リアルプロモーション」「デジタルマーケティング」について、それぞれ解きほぐしていきます。

　本書の元は、30年以上、年間200社以上にわたって企業のPR活動を支援してきたPR会社である、私たちサニーサイドアップの社内マニュアルとして実際に使われているものです。
　さまざまな手法を駆使して、世の中に「たのしいさわぎ」をおこしてきたサニーサイドアップならではの、広いジャンルを網羅した実践的な本となっています。ご自身で読まれる以外にも、社内教育や企画の参考などにしていただければ、とてもうれしく思います。

　PRの業務においては、私たちが仕事の現場で実際に向き合っ

ているような、目まぐるしく変わっていく最新のPRトレンドや考え方を日々アップデートしていくことも大切です。ただその前に、まずは本書で、基本的だからこそとても重要なPRの基礎を身につけていただければと思います。

　広い意味で捉えると、PRはとても大きな可能性を秘めています。そのさまざまな手法をシンプルにまとめた本となっていますので、ぜひ手元に本書を置きながら、ご自身のフィールドで「たのしい企画」を生み出してください。

第3章
「プランニング」の原理原則

第 4 章

「メディアプロモート」
の原理原則

第 5 章

「リアルプロモーション」
の原理原則

第6章

「デジタルマーケティング」の原理原則

巻末資料　お役立ちTIPS集

第 1 章

PRで
本当に大事な
ポイントとは？

01 PR ってどんなもの？

THE MOST IMPORTANT
BASICS OF PR

PRとはどういう意味で、どういう活動のことを指しているのか？　これに関しては、会社や人によって捉え方に差があります。

PRとは「Public　Relations（パブリックリレーションズ）」の略語ですので、そのまま訳すと「公共との関係」となります。一般的には、「企業や団体が社会と良好な関係性を構築するための活動」と定義されています。

言い換えると、社会と良好な関係性を構築しようという考え方の下で、企業・団体によって行われていることは、すべてPR活動と位置づけることができます。

つまり、一つひとつのコミュニケーション手法や活動のことではなく、上のような目的を達成する考え方や概念自体がPRだと理解していただくのが最も適切でしょう〈図表1〉。

この大前提に立ちながら、PRというものを簡単に解説していきます。

情報の「価値」を意識する

PR（パブリックリレーションズ）が「社会や生活者と良好な関係を築いていく活動」である以上、商品やサービスの情報をその

図表1　PRは「手法」ではなく「考え方」

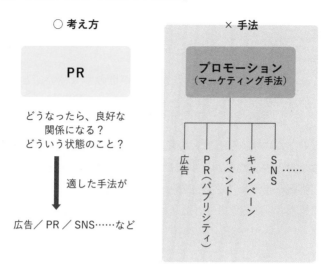

○ 考え方

PR

どうなったら、良好な
関係になる？
どういう状態のこと？

↓　適した手法が

広告／PR／SNS……など

× 手法

プロモーション
（マーケティング手法）

広告／PR（パブリシティ）／イベント／キャンペーン／SNS……

まま伝えるだけでは成り立ちません。

　それは、一方的な情報提供となってしまうからです。

　そのため、PR活動では、商品やサービスの情報を、受け手にとって価値あるものとなるように創造していくことが必要です。PRパーソンには、受け手である「生活者を含むステークホルダー」や、そこに情報を伝える「メディア」にとって、価値とは何なのか？　具体的にどんなものなのか？　ということを常に考え続ける力が問われます。

　その価値が高ければ高いほど、情報が広く深く伝わっていくのです。

価値ある情報を作るための「社会性」

　情報の価値を高めるために欠かせない要素として、「社会性」があります。

　これは、言い換えると、「その情報が世の中や社会にとってどれだけ重要なのかを示す」ということ。

　そのためには、もともとの商品やサービスに、これはどんなふうに社会に役立つのかといった「社会との関連性」を付加した上で、情報をまとめる必要があります。商品やサービスと「社会との関連性」をはっきり示すことで、社会の一員であるステークホルダーにとって"価値ある情報"となるのです。

　一口に「社会性」と言っても、さまざまな種類がありますので、具体例をいくつか挙げてみましょう。

① トレンド

「今、世の中で〇〇（社会背景）が流行っている中、最先端の△△（商品）が発売されました」

② 生活者ニーズ

「〇〇（社会背景）で困っている人が多い中、その悩みを手軽に解決してくれる△△（商品）が発売されました」

③ 世の中の気運

「今、〇〇（社会背景）な気運が高まっている中、それを後押しする△△（商品）が発売されました」

④ 社会的課題

「今、世界中で課題視されている〇〇（社会背景）を画期的な方法で解決する△△（サービス）が導入されました」

みなさんも、こうした見出しのニュースや記事を見たことがありますよね？

この〇〇（社会背景）と△△（商品・サービス）を関連づけるという発想こそが、「情報の中に社会性を見出すこと」です。世の中の声やニーズを常に把握して、商品やサービスとつなげることを意識してみましょう。

世の中の声やニーズを把握する

世の中の声やニーズを日頃から把握しておくためには、インプットの習慣化が必要です。

インプットの例としては、次のようなものが挙げられます。

● 情報メディア（テレビ／ Web ／新聞／雑誌／ラジオなど）を毎日チェックする。
● SNSをアクティブに運用して、世の中の人の発信した情報の動向に触れる。
● 街に出て、話題の施設に足を運んだり、店頭を見たりしてトレンドをチェックする。
● 職場の同僚以外にも友達や家族、地域のコミュニティや訪れたお店のスタッフなどさまざまな属性の人と話をする。

わかりやすいイノベーションがある商品やサービスであれば、その商品の魅力を前面に押し出せば、生活者にとってそれが「買う理由」となり得ます。しかし、今の時代、わかりやすいイノベーションがある商品・サービスは非常に稀で、多くの市場は飽和状態です。

そのような状況にあっても、ほかの競合商品との差別化の武器となり得るのが「PRストーリー」です。この部分で生活者の共感を生み出し、ほかとは違うと思ってもらうことができれば、それが「買う理由」になり得るのです。

PRストーリーは「答え」よりも
「問いかけ」を探すことを意識する

商品やサービスに「社会との関連性」を持たせてストーリー化するためには、次のような3段階の手順を踏むことが効果的です。

①商品やサービスを「答え」に設定する

②商品やサービスが「答え」になるような社会的「問いかけ」を考える

③「問いかけ」と「答え」をつないで文章化してみる

「問いかけ」と「答え」を一言で表現すると、次のようなイメージです。

●問いかけ……社会課題／生活者の悩み
●答え……社会課題や生活者の悩みを解決する商品やサービス

具体的な例を挙げてみましょう。

A（問いかけ）

オフィスの冷房が寒いものの、周囲の人が暑がっているのでなかなか言い出せないし、温度を勝手に上げられないという「夏の冷え性」に悩む女性が70％を占めています。

B（答え）

夏のオフィス冷え性に悩む人向けに、自分だけ温かい「夏専用メッシュ腹巻き」が発売になりました。

ここで重要なのは、A（問いかけ）という情報があるから、B（答え）がより際立って見えるということ。「夏専用の腹巻きが発売された」という情報だけだと、その必然性が見えてこないため、ストーリーとしては弱くなってしまうのです。

このように、Bが答えになるような「問いかけ」をいくつも探し出せるのがPRストーリー創造力といえます。この意識づけを行うことで、商品の社会性を際立たせることができます〈次ページ図表2〉。

図表2 問いかけと答えをつなぐストーリーを作る

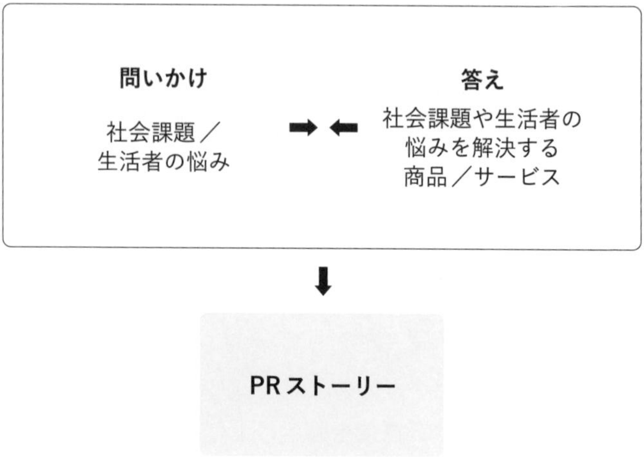

問いかけ	答え
社会課題／	社会課題や生活者の
生活者の悩み	悩みを解決する
	商品／サービス

PRストーリー

もう一言！ 順張りと逆張り

さらにストーリーを魅力的に見せるコツとして「順張り」と「逆張り」というものがあります。このあたりのことは82ページに書いてありますので、そちらをご参照ください。

PRストーリーの素材は「ヒト」「モノ」「コト」

　PRストーリーを作る上でその材料となるものには、次の3つがあります。

① ヒト

経営者の考え／開発者の想いなどを言語化したもの。

② モノ

商品やサービスの特徴や強み／売上の推移などを言語化したもの。

③ コト

開発背景などのエピソードや市場動向などを言語化したもの。

商品やサービスそのものである「モノ」だけではなく、そこに関連する「ヒト」や「コト」をストーリーとして世の中に発信することで、他商品／サービスとの差別化が可能となるほか、親近感が生まれ、ファン作りにもつながっていきます。

「ヒト」や「コト」などの具体的な項目に関しては、プレスリリース／ニュースレターのポイント（29・31ページ）に記載してありますので、ご参照ください。

情報発信における「3S」

競合との差別化や、生活者に対して価値のある情報を発信する上で、ぜひ意識しておきたいものに、「3つのS」があります。

① Stance

発信者である企業などが、社会課題に対してどう向き合っていくのか／共存していくのか、その"姿勢"を伝えること。

② Story

社会課題や時代の流れ、トレンドを意識しながら、「これまでどのような道を歩んできたのか」「その商品の開発や発売にどのような背景があるのか」などを見せること。

③ Speed

世の中の出来事や社会課題が発生・顕在化したタイミングを逃さず、企業や商品・サービスを見つめ直し、そこに関連させるストーリーを見出して、情報発信を早いタイミングで行うこと。

　この3つを意識するだけで、競合と差別化した「強い情報」を生活者に届けることができるのです〈図表3〉。

図表3　情報発信の3S

情報発信の3S

| Stance | Story | Speed |
| 社会課題への姿勢 | 過程や背景 | 早く、適切なタイミング |

03 「手法」としてのPR

THE MOST IMPORTANT
BASICS OF PR

繰り返すように、PRというものの大前提は「考え方や概念」です。ただ、そうした本質論はありつつも、手法として一般的に捉えられ、普及しているPR活動もあります。それは、企業の発信したい情報を、第三者の立場であるメディアを介して生活者に届ける活動であり、前述の「パブリシティ活動」がこれにあたります。

　多くのPR会社や広告代理店が、この手法を用いて、メディアでの露出を獲得するために日々動いています。そのために日頃から、対象の商品・サービスに話題性を付加するような企画を考えたり、メディアとの関係性を構築したりするための働きかけを行っているのです。基本的な手順としては、以下の通りです。

①商品やサービスに付加価値を乗せた情報を開発
②開発した情報を整理したプレスリリース（報道資料）作成
③メディアに向けて情報を提供
④メディアがニュースとして取り上げて生活者に向けて情
　報発信

　ポイントとしては、適切なメディアを介して情報を発信することで、情報の説得力が増すということと広い情報発信が期待でき

るということ。

　これらは、PR会社や広告代理店のPR活動の基本となる手法であることは事実です。しかし、本書を手に取った方には、この活動も、あくまでもPRの概念を達成するための手法の一部という理解をしていただきたいと思います。

PRの手法はボーダーレス

　この章の冒頭で、「PRを概念として捉えれば、生活者と良好な関係構築を図るためのコミュニケーション活動はすべてPR活動に位置づけられる」とお話ししました。

　たとえば以下のようなものも、PR活動の一環として行われることがあります。

　●広告展開
　●SNSマーケティング
　●インフルエンサーマーケティング
　●動画マーケティング
　●フィールドマーケティング　　　など

　企業・団体と社会・生活者との間に良好な関係を築いていくというPRの広義の解釈の中には、さまざまなマーケティング活動が含まれます。

　第2章以降では、PRを「広義のマーケティング活動」と捉えてさまざまな手法を網羅し、そのポイントを解説していきます。ボーダーレスにさまざまな手法を組み合わせて、課題解決、そして目標達成のためのPR活動を行っていきましょう。

第 2 章

「手法としての
PR」の
原理原則

01

PRにはさまざまな手法がある

THE MOST IMPORTANT
BASICS OF PR

自社の商品やサービス、そのほか企業活動などを広報・PRするという目的に対しては、

- ●報道資料の作成・配信を通じて訴求する
- ●ムーブメントを作り、世論を盛り上げる
- ●さまざまなコンテンツでプロモートする
- ●イベントを通じて訴求する

などのさまざまな手法があり、実際のPR活動は、それらを効果的に組み合わせて行われます〈図表4・図表5〉。

また、社外に商品やサービスを売っていくだけではなく社内向けの広報や危機管理のための広報も、PRや広報担当者の仕事の一環として、近年は重要視されている傾向があります。

図表4　PRの手法①

自社の商品やサービス、その他の活動などを広報・PRする

報道資料の作成・配信を通じて訴求する	
プレスリリース作成（P.27）	ニュースレター作成（P.30）
プレスリリース作成	**ニュースレター作成**
事実ベースの情報（商品の公式情報など）を、適切なタイミングで発信するプレスリリースの作成・配信	メディア担当者が記事／特集にしたくなる "ネタ" が詰まったニュースレターの作成・配信

事前のファクト作りからPRする	
調査PR（P.38）	啓発PRの考え（P.41）
調査PR	**啓発PR**
インターネットリサーチなどによって、調査結果に基づいたPRネタを開発。プレスリリースやニュースレターによる情報発信を行う	商品やサービスなどを最初からPRするのではなく、ムーブメントや世論形成のあとに商品やサービスのPRをする手法

さまざまなコンテンツでプロモートする	
CMPR（P.42）	その他PR（P.43）
CMPR	◎トップインタビュー
CMをメディアに扱ってもらいオンエア開始時の話題喚起を図る。出演する著名人をフックにすることで芸能ネタにし、エンタメ系メディアでの露出を狙う	◎プレスキャラバン
	◎プレゼントパブリシティ
	◎プレースメント

図表5　PRの手法②

PRイベントを通じて訴求する	
記者発表会	**その他のイベント**
記者発表会（ビジネス系）　P.45 メディアを会場に一度に集めて、ニュースを発表することで、露出の獲得を図る	◎プレスツアー　　　　　　P.48 ◎工場見学　　　　　　　　P.49 ◎セミナー　　　　　　　　P.49 ◎オープニングセレモニー　P.50 ◎内覧会　　　　　　　　　P.50 ◎試食会　　　　　　　　　P.50
記者発表会（芸能系）　P.46 著名人が登壇するイベントを行うことで、エンタメ系メディアでの露出獲得を狙うのが目的	◎記者懇親会　　　　　　　P.51 ◎ポップアップ　　　　　　P.51 ◎一般向けイベント 　（タッチアンドトライ）　P.52

社内外に自社の重要な動きや考え方を発信する	
社内広報（P.53）	**危機管理広報（P.55）**
広報・PR講座（広報担当者向け） 実務として広報・PRやその周辺領域に携わる従業員に対して行う広報・PR講座 **広報・PR講座（非広報担当者向け）** 広報・PRやその周辺領域に携わらない従業員に対して行う広報・PR講座 **社内報制作** 社内報の企画・制作 **社内イベント** インナーイベントの企画・実施・運営	**事前の危機管理広報活動** クライシス発生前に行う、"備える"という視点での危機管理広報活動 ⬇ **クライシス発生** ⬇ **事後の危機管理広報活動** クライシス発生後に行う、"対応する"という視点での危機管理広報活動

意外と知らない「プレスリリース」と「ニュースレター」の使い分け

広報活動を行う際に基本となるのが「プレスリリース」です。一方「ニュースレター」という言葉もあり、違いが明確にわからないという方も多いのではないでしょうか。

　ここでは「プレスリリース」「ニュースレター」の特徴や、作成するときのポイントについてお伝えします。

「プレスリリース」ってどんなもの？

　企業や団体が新商品や新サービス、イベント、経営情報など「未発表のニュース」を届けるための報道発表資料がプレスリリースです。オウンドメディアでの自社からの発表と同じタイミングで、テレビ・新聞・雑誌・Webなど複数のメディアに情報を伝達します。

　それぞれのメディアでは、部署や役職、年齢やキャリアによって、知識やスキルも異なるさまざまな担当者が受け取る可能性があるため、プレスリリースについては、正確性・客観性はもちろん、誰が読んでもわかりやすいことが大切です。

　「事実を正確かつ簡潔に伝えること」「結論を先に書くこと」「専門用語は極力少なくすること」「広告的な表現や余分な形容詞は

避けること」などを心がけましょう。

　また、著名メディアには、1日で約400通ものプレスリリースが届くと言われているので、読んで報道したくなる「切り口」も重要です。目に留めてもらうには、タイトルと見出し、リード文が勝負の決め手になります。1つのネタに対して何度もリリースを配信することはないため、よく精査してください〈図表6〉。

POINT 01　報道資料の種別を明記

　プレスリリース、報道用資料、イベントレポート、参考資料、個別アプローチ資料など種別を明記します。

POINT 02　数字データやエビデンスを記載

　客観視できる数字データ（開業年月、敷地面積、数量など）やエビデンス（根拠）を積極的に記載します。

POINT 03　箇条書きでプランを視認しやすく

　3つ以上紹介する場合は箇条書きなどでわかりやすく記します。

POINT 04　ボイラープレート（繰り返し使う定型的な概要説明の文章）の挿入

　毎回、商品の歴史・特長・コンセプト・数字データを入れ、理解が深まるようにします。

「ニュースレター」ってどんなもの？

　社会ニーズやトレンド、季節性などを踏まえて、「メディア担当者が記事化したくなるネタ」や「生活者の興味関心をそそるネ

図表6　プレスリリースのポイント

メディア担当者が報道しやすいようにポイントをまとめた
ホスピタリティのあるプレスリリース作成を心がける。
企業目線のプレスリリースではなく、読み手（メディア）が
理解し、興味を抱くファクトを内包したものに。

POINT 01

報道資料の種別を明記

POINT 02

数字データや
エビデンスを記載

POINT 03

箇条書きでプランを
視認しやすく

POINT 04

ボイラープレートの挿入

タ」をまとめて提供する資料がニュースレターです。プレスリリースとは異なり、発表済みの情報であっても、切り口や編集によって露出が見込めます。

また、定期的に情報を発信することで、さまざまなメディアと継続的な関係を構築することも期待できます。

ニュースレターを書く際は、テーマを明確にし、メディアがどんな企画で使えるか、なぜいま取り扱うべきネタなのかをわかりやすく書きましょう。

そのためには、ひとつの商品やサービスの紹介にとどまらず、たとえば以下の3つの観点で同じテーマで複数の情報を盛り込み、企画に厚みを持たせます〈図表7〉。

① 生活者ニーズ／市場環境

客観的な裏づけに基づいた社会的ニーズやトレンド感を提示します。

② 調査データ／ランキング

自社で保有している取引に関する調査データ、消費特性に関するランキングを紹介することで、市場環境の情報や生活者のニーズといったものに信憑性を付加します。

③「並び」となる事例の紹介

類似や競合となるエリア・施設・サービスなどと、自社サービスをまとめて紹介することで、ひとつの企業や団体に限定しない「世の中的なムーブメント」を提示します。

図表7　ニュースレターのポイント

プレスリリースでは伝えきれないサービスの魅力を
読み手（メディア）が興味を抱く社会的事象を内包し、
ブランド・企業視点だけでなく第三者視点で伝える
"トレンド主体のニュースレター"として作成。

社会ニーズやトレンド、季節性を加えることで、取り上げてもらえる可能性は高くなります。画像なども積極的に活用し、担当者が企画を具体的にイメージできるようにしてください。

効果的な「プレスリリース」と「ニュースレター」の書き方

このように、それぞれ特性が異なるプレスリリースとニュースレターですが、PR活動の一環として「発信する情報に興味を持ってもらいたい」という狙いは同様です。メディアや生活者が知りたくなる・読みたくなる具体的な制作のコツを押さえ、ぜひ実践に活かしてください。

また、プレスリリースもニュースレターも、じっくり読んでもらえるものではないので、タイトルにおける「スピード感」はとても大切な要素です。効果的なタイトルを作るためには、次の3つのルールを覚えておきましょう。

①固有名詞と数字を使い、具体的に書く
②30文字以内にする
③誰でもわかるタイトルにする

またリード文は、次に示す6W5Hを基本に、「背景と将来性」を盛り込みます。
背景とは新商品や新サービスの開発の経緯やプロセス、将来性とは今後の展望やビジョン・経営方針などを指します。

●6W：Who（誰が）、What（何を）、Why（なぜ）、Where（どこ
で）、When（いつ）、Whom（誰に／誰を）

●5H：How（どのように）、How much（金額／売上目標）、
How many（数／販売目標）、How long（時／いつから）、
How is future（将来／今後の展望・経営方針・ビジョン）

メディアバリューを高める8つの価値

　プレスリリースおよびニュースレターに入れるべき付加価値は、
主に次の8つです。

　その商品やサービスがいかに手に入りにくいのかや、数値で伝
えられるポテンシャルなどをフックにし、伝えたくなるような内
容になるよう情報を編集しましょう。

① 希少性：限られた「時・場所・人・数」など、ここでしか展開していない要素

　例）赤坂に1日限定10名のみのレストランがオープン

② 市場性：サービスや商品の売れ行き、ユーザー数の急成長などといった要素

　例）発売開始わずか2カ月でアプリの登録ユーザー数が10万
　　人を突破

　例）オープン前からTwitterで動画再生回数が200万回超えの
　　話題のお店がついにグランドオープン

③ 新規性：「世界初」「日本初」といえる要素

　例）海外で話題のファッションブランドが日本にも上陸

例）世界で初めての技術がついに飲食業界においても実用化

④ 至上性：「No.1」「最も」（ワーストも含む）などの要素
　例）日本一早い紅葉が見られるアドベンチャースポットが
　　　オープン

⑤ 季節性：季節や時事的なイベントに合わせた要素
　例）クリスマス限定フレーバーのフルーツティーが発売

⑥ 将来性：より良い社会やビジョンが見える要素
　例）大豆で人々の健康を支える、特保のお菓子が登場
　例）海藻で地球を救う、海藻ベンチャーが10億円の資金調達
　　　に成功

**⑦ 意外性：一般的にイメージされていない真逆のものが特徴
　になる、「縁遠いサービスやブランド」とのコラボレーシ
　ョンなどの要素**
　例）小学校の授業で、メイクの仕方を導入
　例）アパレル大手メーカーが電車内にてファッションショー
　　　を開催

⑧ 信頼性：第三者や公的な評価やお墨つきの要素
　例）〇〇王室御用達のサービスが、リーズナブルなプランを
　　　提供開始

記者が「思わず食いつく企画」6つの切り口

　代表的な切り口として、次の6つが挙げられます。内輪ではなかなか切り口が見つけにくいが取材をされたいという場合、第三者の視点から見ることで「自分たちでは気づかない魅力」を発掘してもらい、新鮮な切り口を作るというのもひとつの方法です。こうすることで、取材してもらえる確率が上がることもあります。

① 企業姿勢

ニーズ：おうち時間の増加で運動不足を訴える人が増え、家でもできる手軽な運動が求められる中、スマホでフィットネストレーナーとつながるトレーニングアプリをローンチ

課題解決：急なリモートワークと育児の両立が困難な中、時間単位で安心して子どもを任せられるサービスを開発

挑戦：エネルギー源の自由化を掲げて、より自然エネルギーを選びたくなるサービスで地球温暖化をストップさせる

② 技術革新

新技術の採用：特別な調理技術で、ミドリムシが持つ栄養素の吸収効果を飛躍的に高めた世界初のミドリムシレストランがオープン

技術応用：時計メーカーの細かく精緻な技術が、宇宙開発分野にも参入

③ 好評

大ヒット完売：限定販売でプレミアムモデルのパーカーが、予約開始からわずか3時間で完売

急成長：感染症対策の流れもあり、昨年対比200％でポータブ
　ル空気清浄機の売上が増加

お墨つき：e-sports選手がこぞって愛用するヘッドフォン

④ 協業

他社とのコラボレーション：オフィス用不動産の会社が、環
　境に優しいオフィスを増加させるために、造園設計の会社
　とコラボレーションし、リノベーション済みクリーンオ
　フィスの物件を提供開始

⑤ 世代

特定の世代が支持：70年代・80年代ファッションがティーン
　の間で流行に

⑥ 歳時

季節：ゴールデンウィークを目前に、車の長距離運転での帰
　省時に子どもが飽きずに過ごせるバラエティグッズが発売

「人物」も有効なネタになる

　公式に発表できるような新商品の開発・新サービスの展開な
どがない場合、「人物そのもの」をネタにすることも考えてみま
しょう。ストーリー性のあるものは好まれる傾向があるので、切
り口や編集次第では興味深いコンテンツを作ることが可能になり、
企業価値・ブランド価値の向上に貢献します。

　メディアが取材したくなる人物の代表的な職種としては、次の

ようなものがあります。

- ◉経営者：経営方針や事業・ブランドのビジョンを語る
- ◉マーケッター：市場動向や商品誕生秘話を語る
- ◉技術担当者／開発担当者：開発までの試行錯誤、技術の内容について語る
- ◉広告／プロモーション担当：宣伝活動、販促施策を語る
- ◉外部の専門家：社会動向や先端技術を学術的に語る
- ◉商品の使用者／タレント：商品についての率直な感想を語る

もう一言！ 配信のポイント

これらの情報を配信するときのポイントとしては、「闇雲に配信せず、紹介してほしいメディア、その可能性のあるメディアを選ぶ」こと。自社用の配信リストを作成しておくと重宝します。メディアのスケジュールを意識した配信日・時刻を設定し、プロモート用資料としても活用しましょう。

03 事前のファクト作りから PRする

PRのアプローチとしては、調査結果に基づいたPRネタを開発し、情報を発信する「調査PR」が一般的です。

また、少し応用的なものとしては、最初から商品やサービスをPRするのではなく、まず世の中の空気感を形成して、商品やサービスが必要な状況から関わる「啓発PR」という考え方もあります。

調査PRとは？

企業・商品・サービスに関連したアンケート調査を行い、その調査の結果をニュースとして発信するPRの手法です。内容を裏づけできるようなデータを基に、調査リリースやニュースレターを作成して話題を喚起したり、メディアへの露出を図ったりします。

新商品や新サービスの情報がないときはもちろん、自社のブランディングや、自社にポジティブな世論を導き出したいときにも有効な手法です。

調査PRを実施するフローは、①調査設計、②実査、③分析・リリース化、④PR活動、の4つに分けられます。

① 調査設計（1週間〜1カ月）

どのような仮説を裏づける事実を調査するのか、調査企画を立案し、設問を設計します。所要期間はおおよそ1週間〜1カ月なので、調査リリース／ニュースレターを配信したいタイミングから逆算して行います。サンプル数は少なくても400〜500人を目安とするのが一般的です。

② 実査（1週間〜1カ月）

インターネットリサーチを中心として、電話・郵送・街頭アンケート調査、グループインタビュー・個別インタビューなどによって回答を集めます。

③ 分析・リリース化（1週間〜1カ月）

リサーチの結果を分析し、調査リリースやニュースレターを作成します。単純な集計だけではなく、性別・年齢・職業・居住地などをかけ合わせて集計する「クロス集計」をすることで、訴求したいニュースやメッセージをしっかりと設定し、磨き上げていくことができます。

④ PR活動（1〜2週間）

調査リリースやニュースレターに基づき、メディアにアプローチします。調査に基づいた客観性や、調査で明らかになった新規性のある結果をフックにして企画を提案します。「言われてみれば確かに」というような何となく感じていることを顕在化することや、「こうかと思っていたら違った」というような意外性などがポイントになります。

たとえばこう作る　ソロキャンプの調査PR

ソロキャンはまだまだハードルが高い⁉ 興味がある人と未経験者の割合には20%もギャップが‼

　8月11日の山の日に合わせて、ソロキャン推進協議会が、全国の20〜64歳を対象にアンケート調査を実施。アンケートは「ソロキャンプをしたことがあるか」「ソロキャンプをするならどこがおすすめか」「ソロキャンプしたことはないが、興味はあるか」などのような10個ほどの設問で構成。世の中でブームになりつつあるソロキャンプへの幅広い世代での興味の高さを裏づけしつつも、まだまだ挑戦できていない実情が浮き彫りとなった。また、ソロキャンプ経験者の愛用するキャンプ場やキャンプ用品も調査したため、未経験者に向けておすすめの場所やグッズなどもランキング形式で発表。

　　＜おすすめのソロキャンプ場ランキング＞

　　　1. ………………………

　　　2. ………………

　　　3. ………………………

　　＜おすすめのソロキャンプ用品ランキング＞

　　　1. ………………………

　　　2. ………………

　　　3. ………………………

啓発PRとは？

　商品やサービスなどを最初からPRするのではなく、世論やムーブメントを先に形成した上で、商品やサービスをPRする手法を「啓発PR」と呼びます。まだ「世の中ゴト化」されていない潜在的な問題点をニーズとして見える化して、PRしたいものの価値が求められる空気感を醸成します。その後に目的としているもののPRを行うことで、より効果的な訴求が可能になります。

　問題点を「世の中ゴト化」するためには、実際に時流に沿っていることが必要で、顕在化されたニーズに多くの人が共感できることが大切です〈図表8〉。

図表8　啓発PRの例

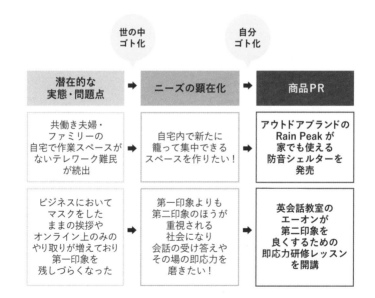

04 さまざまなコンテンツで プロモートする

CMをメディアに扱ってもらい、オンエア開始時の話題喚起を図るCMPRのほか、トップインタビュー、プレスキャラバン、プレゼントパブリシティ、プレースメントの4つを解説します。

CMそのものを取り上げてもらうCMPR

広告物をさらにメディアで取り上げてもらい、CMオンエアの話題を喚起するために行うやり方です。メイキングやインタビューなどCMの裏側の素材を制作するなど、CMそのものからPRフックを創出することで芸能ネタを作り、エンターテイメント系のメディアでの露出を狙います。

露出のパターンとしては、「新CMパブリシティ」と呼ばれる、CM素材（CM本編・メイキング映像・出演者のコメントなど）のメディアへの配布と、新CM発表会の2つがあります。

CMPRのポイントは、CMがオンエアされる前に情報解禁日を設定することです。CM素材・リリース・リストなどは出演者がいる場合、タレント本人・タレント事務所・代理店も確認するので逆算したスケジュールを引きましょう。関係各所のNG媒体も事前にチェックしておきます。また、情報解禁前に素材が世の中

に出てしまわないように、関係各所を含め厳重に管理をすることが必須になります。

テレビの場合はメイキング映像がないと紹介される可能性は少なくなります。WebメディアはCMやメイキングが想像できる1枚画を用意しましょう。

メイキング撮影シーンの例（出演者がタレントの場合）

①スタジオ入り：ヘアメイク、衣装替え完了後、スタジオに入って「おはようございます」と挨拶されるところ

②監督・演出家との打ち合わせ風景：スタジオ内にて、出演者が監督・演出家からセリフ回しや演技について説明を受けている様子やモニターチェックをしている様子、スタッフと談笑したりしている様子など

③リハーサル／本番

④撮影終了：撮影を終えた出演者が「お疲れさまでした」の挨拶をしてスタジオをあとにするところ

⑤撮影終了後インタビュー：今回の撮影を振り返った感想などを15分程度お伺いする

その他プロモートの4つの例

プレスリリースやニュースレターなど一般的な手法以外にも、さまざまなプロモート手法があります。

たとえば、「トップインタビュー」は、各メディアのコーナーに合わせたアプローチを基に、企業のトップにビジョンや戦略、想いを語ってもらうものです。

「プレスキャラバン」は、自社にふさわしいメディアを事前に洗い出し、商品やサービスの開発背景や工程などを伝えるためにメディアを訪問して説明することです。

「プレゼントパブリシティ」は各メディアのプレゼントコーナーに商品を提供し、露出を獲得すると同時に商品を体験する機会を作ることです。まず媒体を選び、プレゼントの提供数や価格における露出の効果を事前に検証することが求められます。

映画やドラマなどの放送内で使用してもらい、風景や小道具としてその世界観に存在させる「プレースメント」という方法もあります。たとえばその商品がとても重要なシーンで使われ、視聴者に良い使用イメージが伝わると、大きな効果を得られる場合もあります。

05 いいイベントはPRの要

THE MOST IMPORTANT
BASICS OF PR

最近はオフラインのみならず、オンラインにおいても、多岐にわたってさまざまなイベントが展開されています。ここではPRイベントの種類や内容、メディア露出を目的とする際のポイントなどを解説します。

イベントは場数をこなすことでうまく回せるようになるので、経験者へのヒアリングもとても有効です。

記者発表会 (ビジネス系)

新商品の発売前や、新サービスの開始前などに、メディアを会場に一度に集めてニュースを発表することで、情報を一気に露出させます。リリースだけではわからない内容を知ることができたり、実際に登壇者が語っている様子を撮影・取材できたりするため、記事化される可能性が高まります。

質疑応答の時間を設けたり、フォトセッション、記者が取材対象者を取り囲んで行う囲み取材、それぞれのメディアに1対1で応じる個別取材などを実施したりすることで、露出機会を創出します。

参加者

メディア：情報番組ニュース班、経済部、文化部、生活部など

登壇者：社長・開発者・マーケティング担当者、業界有識者、インフルエンサーなど

式次第の例

MC挨拶・概要説明→登壇者プレゼン→質疑応答→フォトセッション→囲み取材／個別取材

記者発表会（芸能系）

話題喚起や認知向上を目的として、新商品の発売前や、新サービスの開始前、新CM放送前などに実施します。著名人のトークや演出により、主にエンターテインメント系のメディアでの露出獲得を狙うのが目的です。

著名人が登壇することに価値があるため、フォトセッションは必須で、記者が取材対象者を取り囲んで行うぶら下がり取材や個別取材の有無でメディアの反応が変わります。露出内容が登壇者の発言や行動によるので、伝えたい内容をしっかりとメッセージに落とし込むことが重要です。

参加者

メディア：情報番組芸能班、スポーツ紙文化社会部、女性週刊誌、テレビ誌ニュース、エンタメWebメディアなど

登壇者：芸能人、スポーツ選手、アーティストなど

式次第の例

　MC挨拶・概要説明→CM上映→出演者登場演出→トークセッション→動きのある演出→コメント→フォトセッション→ぶら下がり取材／個別取材

> **もう一言！　ENGカメラの三脚幅はおおよそ900mm**
> ENGとは、「エレクトロニック・ニュース・ギャザリング」の略語で、テレビ局などの業務放送用で使用される、肩に担ぐスタイルのカメラレコーダーのこと。三脚幅はだいたい900mmです。記者発表会時にテレビ4番組が出席する場合、カメラ設置場所は最低でも3600mmの幅が必要なので参考にしてください。

囲み取材・ぶら下がり取材・個別取材の違い

　「囲み取材」「ぶら下がり取材」「個別取材」は、イベントなどの終了後、メディアが対象者に直接質問できる場として実施するものです。

　囲み取材は文字通り、マスコミが取材対象者を取り囲んで行う取材のこと。記者会見のあと、登壇者に対してメディアが一定の距離を保ち、ぐるっと取り囲んで複数の記者から質問を投げかけます。

　ぶら下がり取材は、政治家などへの取材やイベントで行うことが多く、囲んでいるというよりも正式な会見後の取材対象者にメディアの人たちがぶら下がっている状態であることからこう呼ば

れます。囲み取材よりぐっと距離が近いのが特徴で、形式ばった取材というよりは、対象者とメディアがざっくばらんに話をしながら取材を行うイメージです。政治家や経営者、スポーツ選手などに対して、番記者など対象者専属メディアにより行われることが一般的です。

個別取材は文字通り、1媒体ごとに時間を設け、撮影・取材を行う形式のことをいいます。

もう一言！　スチール席はステージ前から5mほど離す

芸能の記者発表会では、ステージ高は400〜600mmであることが一般的です。その場合に、スチール撮影席の1列目は、ステージの前から5mくらい離せば、写真が下からあおり過ぎず、かつ遠くない距離感になるので、ひとつの基準にしてみてください。最終的にはオフィシャルカメラマンとの調整が必要になります。

その他のイベント

プレスツアー

首都圏外や海外など、遠方の施設などを露出させたい場合に行います。ツアーに参加しなければ体験できないもの・ことを用意し、現場ならではの魅力や自社の想いを体感してもらうことで、露出の向上を図ります。

参加人数に制限があるため、何が取材できるのかを事前に把握し、場所や予算、ニュース性に応じてメディアをセグメントし、

優先順位をつけることが大切です。「足代・顎代・枕代」と呼ばれる、交通費・飲食費・宿泊費を主催者側が負担する場合もありますし、メディアによってはそれを禁じているところもありますので、交渉のときはこれらを明確にしておくことが大切です。

工場見学

　プレスツアーの一種です。商品が発売されて生産工程が見られるようになったあとに、商品理解を深めてもらうために行います。独自の技術で商品を作っているメーカーなど、通常は入ることができない工場の撮影や取材ができることで、ニュースに触れた人の共感を得るなど露出内容の向上につながります。

　工場によっては、取材ができる場所・できない場所に細かい規定があったり、ヒールのある靴では入れないなどドレスコードが決まっていたりするケースもあるので、事前に工場に確認し、参加者に伝えておくことが必要です。

セミナー

　新商品の発売タイミング、研究発表、シーズントピックスなどに合わせて、自社が保有している知見を踏まえて社内の人間や有識者が講演するイベントです。社内の開発者などが語ることでより深い話ができることはもちろんですが、第三者である有識者に語ってもらうことは、情報の客観性や信頼性を高める効果があります。

　セミナー自体が記事になることは多くはありませんが、そこで得た知識を基に各専門媒体に取材してもらうことで、より内容の深い記事化を狙うことができ、メディアとの関係構築にも有効です。入門的な話から専門的な話まで、出席メディアのニーズに合

わせた内容や表現にする必要があります。

オープニングセレモニー

　店舗の開業当日や施設オープン、記念モニュメントお披露目時などに画作りをして、開始を世の中にわかりやすく伝えるためのイベントです。代表者挨拶、テープカットなどスタートがわかりやすい演出を行うのが基本。施設であれば、規模感を表現するために、市長や区長から首相まで行政の長を登壇者に招待することもあります。

　主なメディアはニュース・経済系などです。

内覧会

　施設や店舗のオープン前に話題を最大化するために、メディア、インフルエンサー、スタイリスト、各店舗広報担当者、ステークホルダーなどに先行して内覧をしてもらうイベントです。この会で施設や店舗に触れた人たちの発信により、オープンへの期待や理解を高める効果を狙います。まず施設や店舗の概要説明・施設案内を行い、その後は自由内覧とするケースが一般的です。

　一足早く魅力を体験していただくため、レイアウトやディスプレイなどは、実際のオープン時と同等にしておきます。「食」関連の店舗であれば、撮影用と試食用のメニューを用意しておきましょう。集客などに効果的な記事化のタイミングを考え、オープンの3日以上前に行うのが望ましいです。

試食会

　店舗のオープン前、シーズントピックに合わせて実施。食に関するメディアは、各専門媒体やフードライターなど知識の豊富な

担当者が多いため、味わいや見た目を先行して体験・取材してもらうことで露出の向上を図ります。

　代表者や責任者が挨拶をし、シェフなど実際の開発担当者からメニューの説明をしてから試食に移ることが一般的です。Instagramとの相性も良いため、インフルエンサー試食会も効果的です。試食用は小分けにし、撮影用にフルセットを用意することが多いのですが、試食用メニューは時間の経過による味の劣化（温度や食感など）、撮影用メニューは時間の経過による見た目の劣化（溶ける・乾くなど）に注意してください。

記者懇親会

　露出の獲得ではなく、「自社とメディアとのリレーションの強化」を目的とするイベントです。

　新規事業を控えていたり、担当者が新しくなったりと、改めてメディアと関係を深めたいタイミングで、経営トップや担当者がメディアへ直接、想いを伝える場を作ります。丁寧なコミュニケーションを取り、社内のしかるべき人間をきちんとメディアの方に紹介しましょう。

ポップアップ

　期間限定の店舗をオープンすることで、メディアの取材場所を作り、露出獲得の向上を狙います。企業内の展示スペースなどと違い、誰でも足を運べるため、お出かけ系メディアなども含めて扱うメディアの幅が広がるのもメリットです。PR用素材を活用した事前告知と、オープン前日または初日に取材・内覧会をするのが一般的です。

　内容としては、「そこにしかないもの」や「そこでしかできな

いこと」があるかどうかがポイントで、また、期間が短すぎると、報道を見た人が足を運べないので、オープンしている期間は1週間以上あることが望ましいでしょう。

一般向けイベント（タッチアンドトライ）

タッチアンドトライとは、「触って試す」の意味で、実際に一般の方が参加している様子や反応を撮影・取材してもらい、体験者目線の情報発信を行います。

誰でも参加可能なオープンイベントでは、一般の方に対してはメディア側から取材許可を取ってもらうか、予め取材の可能性があることを明示しつつ、来場している参加者に声をかけ、OKな人に取材に協力してもらいます。その際、関係者などを取材協力者にすることはルール違反になるので注意してください。

事前に参加者が決まっているクローズドイベントでは、開催前に参加者にメディア取材が入ることを了承してもらいます。イベント初日に該当ジャンルメディア、ライターなどにも直接触れてもらうよう、取材・体験会を行うことが一般的です。

06 重要性が増している社内広報と危機管理広報

広報・PR活動というと、まず「メディアでの発信」を思い浮かべますが、社員が同じ方向を向いて仕事をしていくために、「会社が大事にしていること」を社内にメッセージしていく広報活動もとても大切で、特に働き方の多様化が進む昨今では、力を入れる企業が増えています。

また、たとえ業務に細心の注意を払ったとしても、不測の事態が起こる可能性はゼロではないため、危機管理にまつわる広報の知識も持っておきましょう。

社内向けのさまざまな広報活動

働き方の多様化が進む昨今では、社内に向けた広報に力を入れる企業も増えています。主な活動を挙げてみます。

社内広報

グループ会社やパートナー企業、従業員やその家族、株主なども含め、自社の大切なステークホルダーに対して行うインナーコミュニケーションが社内広報です。

関係者にリテラシーを身につけてもらうことで、広報・PR活動がよりスムーズに進められるようになったり、社員の会社への

理解や愛着を高めることで実業の成長に寄与したりといった効果も見込めます。近年、PRの中でも特に社内広報は注目を集めている分野です。

広報・PR講座（広報担当者向け）

広報・PR、広告・宣伝、マーケティングなど、実務として広報・PRやその周辺領域に携わる従業員に対して、広報・PR概論、プレスリリースの作成法などをレクチャーする講座があります。

広報・PR講座（非広報担当者向け）

広報・PR、広告・宣伝、マーケティングなど、一定の広報・PRリテラシーを持ち合わせている部門以外の社員に対して、広報・PRに関する基礎知識を身につけてもらうための講座もあります。

彼らがリテラシーを身につけることで、広報・PR活動の運営が円滑になったり、現場からもPRトピックスが挙がったりといった効果が期待できます。

社内報制作

企業ビジョンや事業内容の浸透、グループ会社や支社、部署間での情報共有、社員間のコミュニケーションなどを目的とした社内報の企画・制作です。メールマガジン化やグループウェア上での公開など、ペーパーレスコンテンツとして制作することも可能です。

社内イベント

目的意識の共有、コミュニケーションの活性化、モチベーショ

ンの向上などを目的として行うインナーイベントの企画・実施・運営を行います。

　全社規模や部署規模での研修や懇親パーティ、周年イベント、アワードイベント、運動会のようなものまで、イベントの種類は多岐にわたります。

事前の危機管理広報活動

　家電メーカーの製品リコール、食品メーカーの異物混入、飲食店の食中毒、サービス業全般における従業員のSNSトラブルやネット炎上など、企業が社会的批判を受けてしまう事態に関わるのが危機管理広報です。

　謝罪会見に代表されるクライシス発生後の対応を連想しがちですが、"危機に備える"という視点で、発生の前段階から準備することもできます。

　この項と次項では、「事前」と「事後」の危機管理広報の活動をそれぞれ解説します。まずは、危機が発生する前に行う、"備える"という視点での危機管理広報活動です。

危機管理コンサルティング（事前）

　ヒアリングなどに基づき、自社が抱える潜在リスクを洗い出してもらったり、危機管理広報体制の構築に関するアドバイスを専門家から受けたりします。

危機管理広報マニュアル作成

　コンサルティング内容に基づき、危機管理広報体制や発生後の

連絡・指示系統、対応手順などについてマニュアル化します。

メディアトレーニング：記者会見

　危機発生後に行われる可能性のある記者会見についてシミュレーションを行います。会見場に見立てた会場で、記者役やカメラマン役などを入れ、発表や質疑応答をトレーニングします。

メディアトレーニング：インタビュー取材

　クライシス発生後に実施可能性のあるメディア取材について、シミュレーションを行います。取材対象者となる可能性のある人に対して1対1の個別取材のシチュエーションで、取材時の受け答えや振る舞いなどをトレーニングします。

事後の危機管理広報活動

　危機が発生したあとに行う、"対応する"という視点での危機管理広報活動です。

危機管理コンサルティング（事後）

　事実を公表した際に、メディアや社会に与えるインパクトについて事前想定を行った上で、対応プランを考えたり、想定されるQ&Aを作成したりします。

プレスリリース配信

　事実を公表するにあたってのステートメント策定やプレスリリースの作成ならびに配信を行います。

モニター対応

クライシス発表後のメディアモニターや、それに基づいた報道分析などを行います。また、報道に対するSNS上の反応や、SNS炎上の拡散状況などのモニターにも対応します。

記者会見

事実を公表するにあたって行う記者会見の企画・制作ならびに運営や当日対応を実施します。記者会見前後でのメディア対応も行います。

こうした準備や知識は重要ですが、いざ何かが起きたというときに最も大切なのは、誠実さや正確さ、そしてスピードです。起きたことによる被害などを最小限に抑えるのを最優先とすることを念頭に、対応にあたります。

07 なぜ「報告書」が必要なのか？

PR活動は、目に見えるかたちでは残らない部分も多いため、適切なタイミングで報告書をまとめる必要があります。報告書を作ることには、成果物として記録しておくこと以外にも、いくつかの意味合いがあります。

どのような報告書にするべきかは、それぞれのPRの内容や規模に合わせて考えます。

報告書の3つの位置づけ

社内での報告書の基本的な位置づけは、「成果物として記録する報告書」です。一連の成果物をわかりやすくまとめましょう。

位置づけの2つ目は「担当者以外が読んだときも一連の活動内容から結果まですべての流れが理解できる報告書」です。次年度に担当者が変わっても資料として活用できるなど、マニュアル的な意味を持つ場合もあります。PRは時期や商品によって一つひとつ変わってくるものですが、傾向と対策を読み取る際の参考として役立ちます。

3つ目として「起こしたアクションへの反応・分析・考察を含

む報告書」です。

　これらを踏まえて、いつまでに、どのような報告書を作成するのかを予め決めておきましょう。報告書の仕上げをもって、広報・PRとしての一連の業務がいったん完了となります。

一般的な報告書

　表紙・活動報告・リリースなど発信したもの・露出した媒体名・露出時間／秒数（テレビ）・発行部数（新聞・雑誌）・URL（Web）・広告換算費などを必要に応じてまとめた状態のものが一般的な報告書です。

　PR会社では、クリッピング会社と呼ばれる専門会社が毎日上げてくれる露出報告をわかりやすくリストにまとめています。

特殊なフォーマットの報告書

　海外に提出する必要があるなど、その時々に応じて、オリジナルバージョンを作成します。

　英語表記、サイトや記事のPV（ページビュー）数・UU（ユニークユーザー）数の追加、新聞や雑誌のサイズを細かく記載する、記事内に商品の名前が入っていたらマーキングする、競合の状況も併せてリサーチする、製本するなど、さまざまなケースがあります。

　次ページ図表9には、サンプルとして、基本的な報告書の例を掲載しておきます。

図表9　報告書のサンプル

表紙・中表紙・活動報告・リリース類・露出リスト・テレビシート・
新聞シート・雑誌シート・Web シートなどをすべて併せた
状態のものが報告書です。

基本タイプ

スポット案件、芸能イベント、CM パブリシティなどの案件でよく
使用されます。

⑩ イベントレポート

⑪ 出席媒体リスト

⑫ 露出リスト

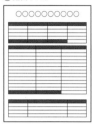

⑬ 中表紙（露出クリッピング）

⑭ 中表紙（テレビ）

⑮ テレビシート

⑯ 中表紙（新聞）

⑰ 新聞シート

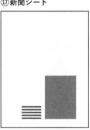

⑱ 中表紙（雑誌）

⑲ 雑誌シート

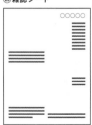

⑳ 中表紙（Web）

㉑ Web シート

第 3 章

「プランニング」の原理原則

戦略と戦術で考える「プランニング」のキホン

企画提案の要素は、大まかに「戦略」と「戦術」に分けられます。戦略と戦術がどう違い、それぞれをどのように立てるべきかを理解することは、商品を売るために必要なアクションです。

この章では、主に企画を立てる上での基本からアイデアの出し方などのフレームを、わかりやすく解説していきます。

戦略って何？ 戦術って何？

戦略と戦術は、一貫性（整合性）がなければ効果的なものになりません。どちらかを考えるときでも、常に「全体」を意識することが必要です〈図表10〉。

戦略とは

戦略とは、市場全体の分析、競合分析、自社分析などにより、進むべき方向性やコンセプト、打ち出すメッセージなどを決めていくパートです。ある目的を達成するために「何をするのか」「何をしないのか」など、総合的な視点で立てていくシナリオと考えてください。

戦略を導く手法として、ここでは「3C分析」と「STP分析」をご紹介します。

戦術とは

　戦略が決定したら、そのシナリオをどのようなやり方で実現させていくかが「戦術」になります。これは施策の方向性を定めたり、具体的なアイデアを提案したりするパートです。**目的を達成するためにはどの手段が最も有効なのか**を考え、戦術を組んでいきましょう。施策のストーリーを作る「順張り／逆張り」と、施策の具体案を作る「マッチングリボン」と「ニーズマンダラート」をご紹介します。

図表10　「戦略」と「戦術」

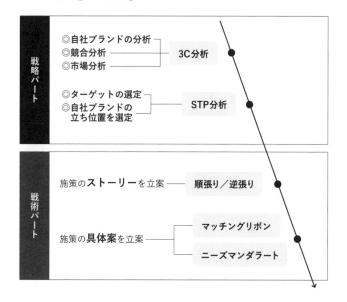

02 分析から戦略を立てる①
3C分析

THE MOST IMPORTANT
BASICS OF PR

3C分析とは、Customer(市場・顧客)、Competitor(競合)、Company(自社)の3つの頭文字を取ったもので、この3つの視点で事業を分析するマーケティングのフレームワークのこと。シンプルでわかりやすく現状を整理できることが特徴です〈図表11〉。それぞれの視点で見るときの代表的な項目には、次のようなものがあります。

3C分析のポイント

Customer(市場・顧客)
- ●業界の市場規模や推移、成長性
- ●顧客の購買行動や消費行動、顕在的/潜在的ニーズ、不満や不安

Competitor(競合)
- ●競合各社の現状シェアと推移
- ●採用している戦略や保有リソースなど競合各社の特徴
- ●競合の業界内でのポジション
- ●強みと弱み
- ●歴史やストーリーなどの資産価値

図表11　3C分析とは

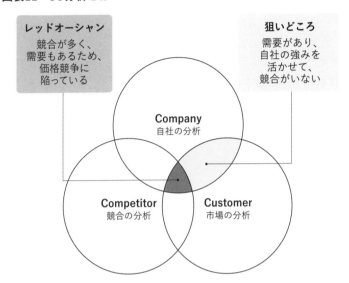

Company（自社）

- 自社の企業理念・ビジョン
- 既存事業・自社商品の現状（売上、シェア、商品ラインナップ、戦略など）
- 既存ビジネスの特徴、強み、弱み
- ヒト・モノ・カネの現有リソース、強み、弱み

3C分析の例として「P&Gのモップ」の話を挙げます。

床掃除用品では、以前は水で濡らして床を拭くモップが主流で、生活者もそれが当たり前だと考え、受け入れてはいました。ただ、水によってモップが重くなることや、汚れた水が床に滴り落ちることへの不満がありました。

また、モップの機能は各社同じだったため、市場は価格競争に陥っていました。

　そこで、P&Gでは生活者の声に耳を傾け、「水を必要としないモップ」を開発しました。

　静電気で床のホコリを取るモップを発売することで、従来のモップの不満を解消する商品となり、市場で抜きん出ることができたのです。

03 分析から戦略を立てる②
STP分析

THE MOST IMPORTANT
BASICS OF PR

STP分析とは、Segmentation（分ける）、Targeting（選ぶ）、Positioning（ポジションを設定する）の3つの頭文字を取ったことから名づけられた分析手法です。どの市場や顧客を狙い、どのような立ち位置でアピールしていくのか、最も効果的な手段を決定するために重要なプロセスです。

Segmentation"分ける"

セグメンテーションとは市場を細分化し、生活者を分類することです。商品や目的によって適した分類の仕方でターゲットの属性を整理します。

- ●年齢セグメンテーション……20代／30代／シニア　など
- ●属性セグメンテーション……主婦／学生／サラリーマン　など
- ●情報感度セグメンテーション……イノベーター／アーリーアダプター　など
- ●ニーズセグメンテーション……効果／価格／手間　など
- ●収入セグメンテーション……年収500万円以下／500万円以上／1000万円以上　など

●頻度セグメンテーション……毎日来店／週1回来店／月1
　回来店　など

　セグメンテーションごとに、ある程度の施策の定石はあります。
たとえば商業施設であれば、高い頻度で訪れる会員には会員限定
のイベント、低頻度来訪層にはポイント倍増キャンペーン、休眠
層には複数のテナントを巻き込んだ季節のイベントやキャンペー
ンが足を運ぶきっかけになるかもしれませんし、近隣の主婦には
ご近所さん割引キャンペーン、ビジネスパーソンにはランチパス
ポートの配布などの囲い込み施策が効果的かもしれません。環境
への意識の高い層にはエコバッグ利用者対象キャンペーンなども
効果があると思われます〈図表12〉。

図表12　セグメンテーションと対応する施策（商業施設の例）

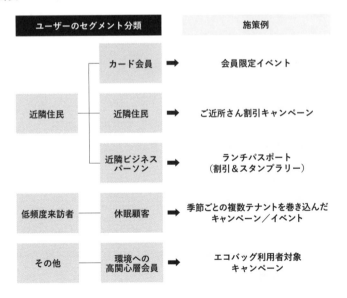

代表的なセグメンテーションとして、次の4つのカテゴリーがあります。

①デモグラフィック（人口統計変数）……★年齢　★性別
　家族構成　職歴　学歴
②ジオグラフィック（地理的変数）……国　気候　文化
③サイコグラフィック（心理的変数）……価値観　ライフスタイル　★購入動機
④ビヘイビアル（行動変数）……頻度　★タイミング　使用用途

ターゲットセグメントをする上で特に大切なものは、★をつけた「年齢」「性別」「購入動機」「タイミング」の4点で、「どの年齢・性別の人が、どんな理由で、どんなタイミングで使うか」で分けるのが最も汎用的です。

Targeting "選ぶ"

ターゲティングとは、対象となる人たち、つまりコミュニケーションしていくターゲットマーケットを決めることです。3C分析を併用するなど、さまざまな見地から分けて絞り込んでいくことで、企画の方向性が定まり、アイデアがまとまったり、接触ポイントが具体的にイメージしやすくなったりといった効果があります。

企画の方向性を定め、絞り込みをするときに使える考え方として、ここでは「ペルソナ」「マーケティングファネル」「イノベーター理論」を紹介します。

架空のユーザー像を設定する「ペルソナ」

ターゲティングのために、実際に自社の商品やサービスを使ってくれると想定される架空のユーザー像＝「ペルソナ」を作り出し、そのモデルユーザーのニーズを満たすように商品やサービスを設計するという手法があります。

実際にその人物が存在しているかのように詳細に設定することで、商品やサービスの特徴やコミュニケーションの方向性を定めることができます〈図表13〉。

顧客の購買行動を知る「マーケティングファネル」

ファネルとは漏斗という意味で、顧客の購買行動の流れを、心理状態も含めて、「ステップ」とその段階の顧客の「ボリューム」で整理したものです。

まずその存在を知り（Attention）、興味を持ち（Interest）、ほしいと思うようになり（Desire）、記憶して（Memory）、最終的に購買行動にいたる（Action）というプロセスが基本です。ただ、SNSの普及により個人のメディア化が進んでいる今は、検索する（Search）や共有する（Share）をプロセスに入れたモデルなどターゲットや商品によってさまざまな購買パターンが挙げられています。

いずれにせよ現在は「商品を購入して終わり」ではなく、「ファン化を促すこと」までも含めてマーケティングの領域になっています。

また、マーケティングファネルは逆三角形で示されるのが一般的ですが、顧客にとっての生涯価値となるLTV（Life Time

図表13　ペルソナの例

商材　高級ブランド家電メーカーの「電子レンジ」

名前	山中綾香
年齢	32歳
性別	女性
居住地	東京都世田谷区三軒茶屋
家族構成	独身／一人暮らし
仕事	IT企業 社長室秘書
年収	600万円
趣味	美術館巡り、VOD（韓流ドラマ）鑑賞、ジム通い、自炊
性格	個性的、温厚
志向性	インドア派、こだわり強め、機能性よりデザイン性重視

商材　コンビニ「男性向けのプライベートブランド」

名前	遠藤巧
年齢	27歳
性別	男性
居住地	東京都杉並区荻窪
家族構成	独身／一人暮らし
仕事	食品メーカー 営業
年収	450万円
趣味	旅行（国内外）、飲み会、キャンプ、ランニング
性格	社交的、白黒はっきりさせたい
志向性	アウトドア派、規則正しい生活を送りたい

Value）を高めることを考えると、上下方向からのデュアルファネルで分析をすることがより望ましく、どの階層に「課題」があるのかを見ることで、ターゲティングやコミュニケーションプランを判断することができます〈図表14〉。

図表14　マーケティングファネルの考え方

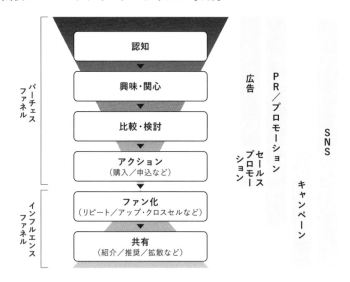

新しいものが普及するモデル「イノベーター理論」

新商品や新技術が普及していくモデルを明らかにしたものがイノベーター理論です〈図表15〉。

新しいものに敏感な「イノベーター」と、その反応を見て新しいものを早い段階で取り入れる「アーリーアダプター」がオピニオンリーダーとなり、価値を世間に伝えていきます。

続いて「アーリーマジョリティ」が追いかけ、新しいものに抵

図表15　イノベーター理論と普及のポイント

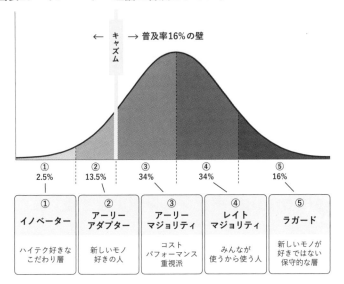

抗感のある「レイトマジョリティ」が商品の購入やサービスの導入を始めます。

「ラガード」は市場で最も保守的な層で、新しいものよりも馴染みのあるものを好みます。

　ポイントは、アーリーアダプターとアーリーマジョリティの間にある「キャズム」と呼ばれる溝を越えて、アーリーアダプターからアーリーマジョリティへと普及させるため、**現状でどの層に向けてどのようなコミュニケーションをするべきかを見極める**ことです。

　たとえば、ユーザー数増加に課題があり、そのボトルネックがキャズムであるなら、アーリーマジョリティに影響力のあるメディアへの露出を狙ったり、インフルエンサーの協力を得たりす

ることが考えられます。

Positioning"ポジション設定をする"

ポジショニングとは、「設定したターゲットに選ばれる立ち位置を選ぶこと」です。市場において自社の商品やサービスが最も恩恵を受けるポジションを決めることで、企画やコミュニケーションの方向性も決まってきます。

ポジショニングマップ

ポジショニングマップは、競合他社との商品やサービスを一枚絵に表すことで、自社が取るべきポジションや、生活者心理から見た競合の立ち位置を把握するためのツールです〈図表16〉。

ポジショニングマップは縦横2軸のマトリックス図を作成することが一般的で、軸を作るときは、ひとつは機能的価値、もうひとつは情緒的価値にするなど、相関性が低いものに設定します。また、分けた4つのカテゴリーにタイトルをつけてみましょう。

図ができたら、競合がいない場所、もしくは自社の強みをより特化した場所を狙うことを目指します〈78ページ図表17〉。

図表16　ポジショニングマップ

①座標軸作り

縦軸と横軸の要素は業種によって違う。基本的にターゲット分析の結果と USP（Unique Selling Proposition）を鑑みて優位性を作ることができる機能的価値を一軸に。もう一軸は情緒的価値でひいていくと座標軸は作りやすい

↓

②位置を決める

基本的に競合がいない場所（ブルーオーシャン）に配置することを目指す（もしくはより特化した位置）

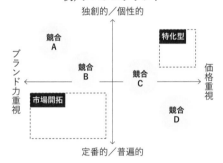

例）アパレルブランド

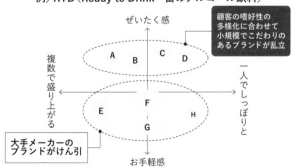

例）RTD（Ready to Drink＝缶のアルコール飲料）

図表17　マトリックスの例

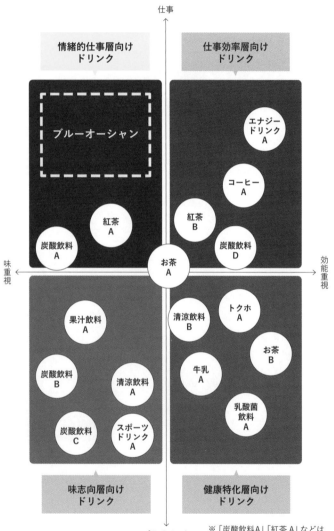

仕事

情緒的仕事層向け
ドリンク

仕事効率層向け
ドリンク

ブルーオーシャン

エナジー
ドリンク
A

コーヒー
A

紅茶
B

紅茶
A

炭酸飲料
D

味重視

お茶
A

効能重視

炭酸飲料
A

果汁飲料
A

清涼飲料
B

トクホ
A

炭酸飲料
B

清涼飲料
A

牛乳
A

お茶
B

炭酸飲料
C

スポーツ
ドリンク
A

乳酸菌
飲料
A

味志向層向け
ドリンク

健康特化層向け
ドリンク

プライベート

※「炭酸飲料A」「紅茶A」などは
それぞれ個別の商品を表す

マトリックスのどこを狙うか？

たとえば図表17の例であれば、次のように考えます。

●仕事中に飲むドリンクの中で、味に特化したドリンクがあ
　まりない
●効能重視のエリアは、「トクホ系」と「強壮系」を中心に、仕
　事シーンもプライベートシーンもすでに商品がある
●味重視のプライベートタイムに飲むドリンクは昔からあ
　る定番系が強い

これらのことから、新商品は「情緒的仕事層向けドリンクの市
場開拓」か、「味志向層向けに新規性を武器に乗り込んでいく」か、
どちらかのポジションを目指していきます。

戦術の立案①
施策のストーリーを組み立てる

施策を立案する戦術のひとつは、社会性に則った方向で打ち出す「順張り」、または社会性と正反対の文脈を描く「逆張り」のストーリーを仕上げることです。

PR企画のポイントは、この「社会性」と「順張り／逆張り」との掛け合わせだといえます。

「社会性」ってどういうこと？

PRに社会性を持たせるということは、言い換えると「ニュース性を持たせる」ということです。それによってPRしたい商品が「世の中において価値のあるもの」として認識され、注目を浴び、流行していくきっかけになります。

具体的な視点としては、「トレンド」「生活者ニーズ」「世の中の機運」「社会的課題」などが挙げられます。

トレンド

世の中で流行っていたり、話題になっていたりする言動や商品・サービスのこと。イチから話題を作っていくのが理想ですが、すでに流行や話題になっているものがあれば、それに乗っかるのもひとつのやり方です。

例) 毎回名言続出のドラマ、女子高生の間でよく使われている言葉　など

生活者ニーズ

向上したいというプラスな気持ちも、不満や不安などのマイナスな気持ちも、どちらもが生活者ニーズです。すでに明らかになっている顕在ニーズと、まだ浮き彫りにされていない潜在ニーズがあります。

例) 新型コロナウイルス感染症の流行で外出できないが、行きつけのお店を応援したい、運動不足を解消したい　など

世の中の機運

社会情勢が反映された人々の気持ちや期待、物事のことを指します。誰しもが納得できる少し先の未来の状況や、それに関連した人の心情です。

例) 感染対策への意識が向上、若年層のクルマ離れ、自宅内のオンライン化が浸透　など

社会的課題

SDGsに含まれるような世界規模の課題から、日本国内における課題、ある地域や属性の人に限った課題まで、対象範囲は大小さまざまですが、直接関係ないと思われる方でも課題だと認識できるものです。

例) 地球温暖化、女性への差別・偏見、障がい者が使いにくい設計の施設、地域の落書き問題　など

順張りと逆張り

順張りとは

「Aという事象が広まっている中、A+というサービスが始まりました」というように、社会性に則ったものとして商品やサービスを位置づけることです。世の中の大きな流れに入り込むことができるので、話題になりやすいという特徴があります。その流れの進化系として見せることができると、よりよいストーリーになります。

　一方で、先にポジションを取っている競合商品などがあるため、二番煎じになる可能性もあり、爆発的な話題にするのは難しいという面もあります。

逆張りとは

「Aという事象が広まっている中、真逆のBというサービスが始まりました」など、社会性と正反対のものとして商品やサービスを位置づけることです。世の中の流れに反したポジション取りをするため、潜在ニーズをつかむことができれば、面白い情報として話題になる可能性があります。

　反面、世の中の逆を行くため、共感を得られないというリスクもあります。

同じ商品をPRするための「順張り」「逆張り」ストーリー

　たとえば、「全世代的な健康意識の高まり」という社会性にフォーカスし、健康食品会社が商品をPRするために、「順張り」「逆張り」では、それぞれ次のようなストーリーを描くことができます。

例)「順張り」ストーリー

全世代的に健康意識が高まっている中、さらに高齢者の健康意識を高めるために、健康食品会社が90歳以上限定の5kmマラソン大会を実施。参加者にはゴールで健康食品を配布しました。

例)「逆張り」ストーリー

全世代的に健康意識の高まる中、たまには食欲を解放させようと健康食品会社がジャンクフード食べ放題のイベントを実施。参加者には今日の罪悪感をリセットするために健康食品が配布されました。

05 戦術の立案②
施策の具体案を組み立てる

具体案を組み立てるには、既存の要素を新しく組み合わせたアイデアが必要です。アイデアを出すには、普段から知識を蓄えることと、物事の関連性を見つけ出し、組み合わせ方を工夫するのがポイントになります。アイデアの作り方には、シンプルな過程と簡単な公式があるので、トレーニングすれば誰でもたくさんのアイデアを出せるようになります。

アイデアは、名著『アイデアのつくり方』（ジェームズ・ウェブ・ヤング著）でも書かれているように、「既存のアイデアや事象の組み合わせ」と捉えると、誰でも簡単に作れるようになります。たとえば、別の業界・違うジャンルで流行った事象やバズった企画を自社の商品・サービスに置き換えたり、さらに別の要素を付加したりすることで、新しいアイデアが生まれます。

アイデアの作り方を鍛える要素としては、「知識を蓄えること」と「組み合わせ方を工夫すること」です。そもそも既存のアイデアや事象を知らなければ、組み合わせを生み出すことはできません。事例や企画だけではなく、自社の事業に関連すること、世の中全体での関心事など、多岐にわたるインプットが武器になります。組み合わせてアウトプットするコツはいろいろありますが、ここでは「マッチングリボン」と「ニーズマンダラート」という2つのツールをご紹介します。

知識を蓄えるインプット

雑誌

　さまざまなネタがまとまっている雑誌は貴重な情報源です。自社の業界誌以外にも、PR業界誌を中心に、ビジネス系メディアなども読んでみましょう。Webサイトと比較すると、深い考察や掘り下げたインタビューなど、一般的には記事のクオリティが高く、企画立案の参考になります。

- ●宣伝会議／広報会議／販促会議
- ●ブレーン
- ●100万社のマーケティング
- ●日経クロストレンド
- ●日経BPマーケティング
- ●NewsPicks Magazine
- ●広告
- ●MarkeZine　など

Webサイト

　毎日情報が更新されるWebサイトも、とても役に立ちます。PR業界や競合他社のサイト、オウンドメディア、SNSなども情報の宝庫。まさにいま話題の「旬の事例」が手に入ります。

- ●advanced by massmedian
- ●アドタイ
- ●街角のクリエイティブ
- ●Campaign Japan
- ●SMMLab
- ●DIGIDAY　など

知識を自分のものにするアウトプット

自分の言葉でまとめる

　気になったリリースの切り口、プロモーションイベント、話題になった広告などをピックアップして、自分なりに咀嚼した上で、事例集としてまとめてみましょう。得た情報が定着しやすくなります。

　ワードやパワーポイント、スプレッドシートにして資料化したり、ブログや「note」に記事を上げたり、SNSで発信したりなど、やり方はさまざまなものがあります。

もう一言！　アウトプットのときに気をつけたいこと

ポイントは、始める当初に「作り込み過ぎない」ことです。慣れることで作業効率が良くなり、習慣化してきたあとで、情報の精度やレイアウトなどを整えていけばよいでしょう。

マッチングリボンとは

　視野を広げたり組み合わせ方を工夫したりするために、商材が持っている特徴と、ターゲットのインサイト（本人も気づいていない購買意欲のツボ）やトレンド、ライフシーンを掛け合わせる「マッチングリボン」という手法があります。たとえば熱海温泉に若い世代を呼びたい場合、それぞれ10個ずつキーワードを出して掛け合わせてみましょう。短い時間に多数のアイデアを簡単に出すことができます〈図表18〉。

図表18　マッチングリボンの使い方

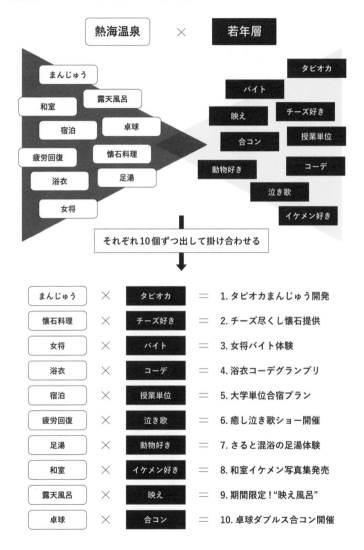

熱海温泉 × **若年層**

まんじゅう
和室
露天風呂
宿泊
卓球
疲労回復
懐石料理
浴衣
足湯
女将

タピオカ
バイト
映え
チーズ好き
合コン
授業単位
動物好き
コーデ
泣き歌
イケメン好き

それぞれ10個ずつ出して掛け合わせる

まんじゅう	×	タピオカ	=	1. タピオカまんじゅう開発
懐石料理	×	チーズ好き	=	2. チーズ尽くし懐石提供
女将	×	バイト	=	3. 女将バイト体験
浴衣	×	コーデ	=	4. 浴衣コーデグランプリ
宿泊	×	授業単位	=	5. 大学単位合宿プラン
疲労回復	×	泣き歌	=	6. 癒し泣き歌ショー開催
足湯	×	動物好き	=	7. さると混浴の足湯体験
和室	×	イケメン好き	=	8. 和室イケメン写真集発売
露天風呂	×	映え	=	9. 期間限定！"映え風呂"
卓球	×	合コン	=	10. 卓球ダブルス合コン開催

3分くらいでこれくらいのアイデアが出てくる

ニーズマンダラートとは

　まず9つのマスを用意し、商材が持っている特徴や要素を洗い出します。次に、その要素を「ニーズ」に変換します。最後に、「そのニーズを満たす別のモノ」を考えるという手法がニーズマンダラートです。

　マッチングリボンより手順は多いですが、より幅広いアイデアが出やすいのが特徴です〈図表19〉。

図表19　ニーズマンダラートの使い方

STEP 1

**商材に関連する要素を
周りに書いていく**

周りに書いたものが
成り立っているのは
"そこにニーズがあるから"

1 まんじゅう	2 足湯	3 和室
8 懐石料理	熱海温泉	4 疲労回復
7 卓球	6 浴衣	5 肌すべすべ

STEP 2

**周りに書いたものを
ニーズに変換する**

1 小腹を満たしたい！	2 癒されたい！	3 日本っぽさを味わいたい！
8 豪華な料理が食べたい！	熱海温泉	4 疲れをとりたい！
7 時間をつぶしたい！	6 オシャレなものを着たい！	5 肌すべすべになりたい！

STEP 3

**ニーズを満たす
別のモノを温泉と
掛け合わせる**

1. 史上初！温泉ゼリー販売
2. 声優勢揃い温泉限定朗読会
3. 伝統工芸詰め込み合宿プラン
4. 全室 執事つきプラン
5. 温泉水フェイスマッサージ
6. "熱海温泉ドレス"コーデし放題！
7. 温泉地特別ルール人狼ゲーム
8. 温泉懐石風三ツ星フレンチ提供

これも早ければ3分でアイデアが出てくる

06 そのPR、効果は どれだけあったの？

THE MOST IMPORTANT
BASICS OF PR

　　PR活動を行うときは、「社会環境や市場の調査を行い、状況に
合わせたプランを実行し、効果を測定し、活動を継続するか
どうかを判断し、必要に応じて修正を加える」というサイクルを何
度も回していきます。PRは経営とも直結するため、その影響は常
に把握する必要があり、効果測定は不可欠です。

PRの効果測定

　PR活動の数値として計測できる指標は、メディアごとに露出
スペースや時間を考えずにカウントした「露出メディア数」と、
露出メディア数にさらに露出スペースや時間などを考え、同じ枠
を広告購入した場合の費用に換算した「広告換算値」の、主に2
つがあります。

　他方、露出（Publicity）という手段ではなく、認知（Awareness）、
意識変容（Perception Change）、行動変容（Behavior Change）な
どの結果を目的としている現状においては、露出メディア数も広
告換算値も、あくまで途中段階の効果を測っているに過ぎませ
ん。そのため、PR活動がきちんと機能しているかを計るために
は、量だけではなく質までを見る必要があります。

量

- ●露出メディア数
- ●動画再生数
- ●SNS投稿数

- ●広告換算値
- ●サイト訪問数

質

- ●認知度調査
- ●好意度／意識調査
- ●売上／来店数／購入数などのアクション（対前年比などで）

「質」についてまでを、より厳密に測定する場合には、露出メディア数（量）×メディアの種類別による重み（質）×露出の文脈（質）などのスコア方式もあります。その場合、メディアの種類や露出の文脈について事前にランク設定をする必要があります。

バルセロナ原則

　バルセロナ原則とは、2010年にスペインのバルセロナで開催された「効果測定に関する欧州サミット」にて、メディアやコミュニケーションの調査・評価などに関する国際機関であるAMEC（International Association for Measurement and Evaluation of Communication）と、米国の非営利広報研究機関であるIPR（The Institute for Public Relations）が発表した効果測定の原則に関することです。国際的なPR業界のアワードでも、審査過程でこの原則をベースにして成果を評価するなど、PR業界で正式に採用されている原則になります。2020年には次ページのように内容が更新され、「バルセロナ原則3.0」として発表されました。

①ゴールの設定は、コミュニケーションのプランニング、測定、評価に絶対的に必要なものである

②測定と評価はアウトプット（施策の成果）、アウトカム（目標に対する成果）に加え、潜在的なインパクトを明らかにすべきである

③ステークホルダー、社会、そして組織のために、アウトカムとインパクトを明らかにすべきである

④コミュニケーションの測定と評価は、質と量の両方を含む必要がある

⑤広告換算はコミュニケーションの価値を測定するものではない

⑥包括的なコミュニケーションの測定と評価には、オンラインとオフラインの両チャネルを含む

⑦コミュニケーションの測定と評価は、学びとインサイトを導くため、誠実さと透明性に基づくべきである

また、⑤でも提唱されているように、世界的に「広告換算値に代わる新たなPRの効果測定」を模索する傾向があります。

もう一言！　効果をどの指標で見るか

商品やサービスのカテゴリーや売り方などによって、見るべき指標は変わってくるので、施策実施の前に「どの指標で効果を見るか」について、プロジェクト参加者内で共通認識を持っておくことが重要です。

第 4 章

「メディア
プロモート」
の原理原則

効率的な露出を目指す
「メディアプロモート」のキホン

　の章では、開発した情報をメディアに向けてプロモートする際に重要なポイントについて解説していきます。

　メディアにアプローチをする上で最も意識するべきことは、「よい露出を獲得すること」です。よい露出とはお客さまの意識や行動に変化をもたらし、自社にとってもメディアにとっても嬉しいことで、いわばWIN-WIN-WINの関係を作ることです。

　そのためには、露出から次の展開につながることが大切です。なかなか露出が獲得できない場合も落ち込まず、日々、工夫や検討を重ねながら行動していきましょう〈図表20〉。

理想的なメディアプロモート体制

　メディアとのリレーションを作るチームにメンバーが3人いた場合、1人あたり1日3名のメディアと接触すると、1週間では45人、1年間の実働を約50週とすると、のべ2250人ものメディアの方々と接触できることになります。

　得意分野や独自のメディアコネクションを持っている場合は、チームで情報共有することで、さまざまなメディアの最新情報をメンバーがいつでも手に入れられる状態になります。それにより、効率的なプロモートを実現し、露出の獲得につなげていきます。

図表20　メディアチームの1日の過ごし方の例

09:00
通勤
移動時間中、携帯などを活用してメディアの情報収集。朝までに届いているメールのチェック

10:00
出社
会社に届いた新聞をチェック。自社の業界に関する情報だけでなく、社会情勢にも常にアンテナを張る

11:00
デスクワーク
メール返信、原稿校正などの事務作業。プロモート資料の作成などメディアアプローチ準備も進める

12:00
アポイント取り
メディア訪問のためのアポイント取り。メディアによって在社時間が異なるので、柔軟に対応

13:00
昼食
社内コミュニケーションを取りながらアプローチにつながる情報交換。キュレーションメディアなどで媒体の研究も

14:00
メディアアプローチ
アポイント先3軒へ訪問。リリース、プロモート資料、商品サンプルなどを用いて、掲載への交渉を行う。そのほかにも近くのメディアを訪問するなど、移動時間中も効率的に使いながらアプローチ

17:00
社内MTG
メディアからのヒアリングを活かして、今後のPR活動の方針を決めていく

18:00
資料・報告書作成
プレスリリース、配信リスト、案内状や、チームに現状報告を行う報告書などの資料を作る

19:00
退社
今日も1日、お疲れさまでした！

メディアリストの作成から露出獲得まで

　基本的なフローとしては、①メディアリストの作成と管理は常にアップデートしながら、②プレスリリースを作成して配信し、③メディアアプローチを日々続けながら、④露出につなげる、というのが主な要素になります。

① メディアリストの作成・管理

　自社で蓄積したメディアデータ、各メディアのWebサイト、『PR手帳』などから、露出してほしいターゲットメディア、露出可能性のあるメディアを網羅的に作成します。

　また、担当者の情報もとても重要で、どの曜日にどのコーナーを受け持っているのか、勤務体系はどうか、局員・制作会社・

図表21　メディアリストのフォーマット

No.	1	2	3
媒体種類	テレビ		
ジャンル	情報番組		
会社名	NHK		
媒体名・番組名	おはよう日本		
部署名	○○○○部		
氏名	○○○○		
敬称	様		
TEL	XX-XXXX-XXXX		
FAX	XX-XXXX-XXXX		
mail	XXXX@XXX.co.jp		
備考	□月□日連絡		

AD・ディレクター・ライター・デスクなどの所属や役職はもちろん、いま興味関心を持っている業界・分野・企業までがわかれば、アプローチがしやすくなります。

いつ電話したか、いつ会ったかなど、担当者との接触履歴も残します。媒体の企画決定時期、会議・校了日、お盆・年末年始の進行予定なども把握しましょう。

② プレスリリースの作成・配信

露出機会を逃さないように、プレスリリースを作成します。配信はメディアの業務スケジュールを意識して、配信日時を設定します。配信日は記事の作成スケジュールを逆算して必要な日数を確保し、配信時刻はメディアがチェックしやすく、かつ配信直後にアプローチしやすい時刻に設定します。

テレビ局や新聞社・通信社はFAXでの送付を指定されることもありますが、最近ではメールが主流な配信方法で、FAXを廃止して、メール受信のみに限定しているメディアも増えています。**メールでの配信の場合、添付ファイルは計3MB、画像枚数は3〜5枚程度を目安にしてください。**

主要メディアが官公庁などの公的機関を取材・報道する目的で作られた組織である「記者クラブ」にFAXなどで配信する場合は、各省庁の庁舎内や県庁・商工会議所内にあることが多いため、事前に申し込みが必要です。

インターネット上でリリースを配信するPRサービスもあります。メディアへの配信のほか、掲載が確約されているメディアに載せてもらうことができます。記者の方のメールボックスには、毎日、山のようなリリースが送られてくるため、興味を持って開

封してもらうためには、件名を工夫してください。

　たとえば、"【○○社：AI活用新サービス】○月○日から新商品提供開始！　××が可能に"というように、企業名を入れ、日時を書き、何に関する情報で、誰に読んでほしい内容なのか端的に書きましょう。

もう一言！　配信文はそのまま使われる場合も
オンラインメディアによっては、配信文での表現をそのまま記事に反映することもあるので、ブランドイメージを崩さないような表現にすることが求められます。

▼ 配信文のポイント
● 飾りの要素は最低限に抑える。1行は全角40文字程度まで
● 書き出しには差出人の自己紹介を添える
● リード文は「5W1H」で簡潔に説明
● 段落は行間を空けて読みやすくする
● フォント・太字・下線・色などを活用してブランドイメージを訴求
● 「です・ます」調か「である」調はきちんと揃える
● リリース内から注目すべき内容のみを概要として抽出する

▼ 添付ファイル
● プレスリリースはPDF形式でメールに添付。PDFは本文をコピーできる形式とする

●画像が多い場合はGoogleドライブやDropBoxを活用する。その際、短縮URLを利用すると迷惑メールに振り分けられるリスクが高くなる

●画像は数枚であればメール本文中に差し込むことも可能

③ メディアアプローチ

担当者の割り出しは、根気よく、しらみつぶしに当たっていきましょう。

出会った記者はもれなく大事なリレーションになります。担当記者のスケジュール、会議のタイミング、特集予定などをヒアリングし、プレスリリースをさらに噛み砕いた資料や、特集記事作成のための情報をまとめた資料を作成してください。

④ 露出獲得

掲載された記事は、すぐに誤りがないかチェックします。プレスリリースのどの箇所が使われたのかを分析することで、次回以降のリリースをブラッシュアップする材料になります。

記者にお礼を伝えたり、掲載された要因や報道後の反応を伺ったりなど、掲載後も記者とコンタクトを取ることも、次の機会につながっていきます。

02 さまざまなメディアの 特徴をつかむ

メディア研究方法としておすすめなのは、たとえば以下のようなやり方です。

テレビ番組は1週間分を帯で視聴します。また、番組表を書き出すなどして暗記してしまうと効率的です。傾向とコーナーを知るため、新聞は1カ月分、雑誌は1年間分を一気に読みましょう。どのようなコーナーがあり、誰が書いているのかまで確認し、理解を深めます。

Webについては、SNSでメディアのアカウントをフォローし、できるだけ「ストーリー」をチェックしましょう。また、Webメディアには、たとえば新聞社や通信社といった1次メディアと、それらの配信記事・動画を集めた「Yahoo!ニュース」などの2次メディアがあります。1次メディアの転載先、2次メディアの転載元は必ず確認する習慣をつけてください。一般の方とは違う視点でメディアを分解することが大切です。

テレビ・Web・新聞・雑誌・ラジオなど一般の方がイメージするメディアのほか、広報・PR担当者は記者クラブや通信社にも接触します。「情報の受け取り手」ではなく、「情報を発信する側」になって、各メディアの特性を読み解くことが露出のアップにつながります。

1. 記者クラブ

　記者クラブとは、公的機関や企業などの各組織の継続的な取材や報道をするために、テレビ・新聞・通信社などの大手メディアが中心となって構成されている任意団体のことです。財務省の「財政研究会」、外務省の「霞クラブ」などの各省庁をはじめ、各都道府県の「県政記者クラブ」「市政記者クラブ」など、全国に数百の記者クラブがあり、各メディアの記者たちはそれぞれの担当ごとに記者クラブに所属しています。

　また、PR会社が申請や投げ込みなどを代理で行うことを禁じる記者クラブが多いなど、各記者クラブによってルールが異なるため、詳細は問い合わせが必要です。

　記者クラブには、「幹事社」と呼ばれる代表社が存在し、取材活動に関するクラブのルールの順守や、ルール外の事項に際しての調整役などを務めています。

　記者クラブへのリリースや取材案内などの配布は、事前に幹事社の了承を取ったあとに直接持ち込むのが原則。緊急の発表や取材を申し入れる際の相談窓口も幹事社です。幹事社は持ち回りで、1〜2カ月ごとに新聞社1社、もしくは新聞社1社＋テレビ局1社などの組み合わせで順次担当します。

　主な記者クラブの例を以下に挙げておきます。

●永田クラブ（内閣記者会）……内閣府の取材を対象とする
　記者クラブ。総理大臣官邸の敷地内にあり、内閣総理大臣
　や内閣官房長官、首相官邸に取材を行う
●法曹記者クラブ……法務省にある記者クラブ

●霞クラブ……外交や防衛などを取材対象とする外務省、防衛省の記者クラブ

●日銀クラブ……日本銀行内の記者クラブ。日銀だけでなく、銀行や保険など民間の金融機関も取材対象となる

●東商記者クラブ……東京商工会議所に加盟するすべての企業を取材対象とする記者クラブ。流通や小売、食品関連などの取材が多い

●体操記者クラブ……日本スポーツ協会に加盟している競技の記者クラブでJAPAN SPORTS ORINPIC SQUARE内に設置されている

2. テレビ

　日本のテレビ局は、公共放送の日本放送協会（NHK）と、地上波民放キー局の5局、準キー局、ローカル局、独立局、BSおよびCSの衛星放送局、ケーブルテレビ局などからなっています。

　地上波民放キー局は、「日本テレビ放送網（NTV）」「テレビ朝日（EX）」「TBSテレビ（TBS）」「テレビ東京（TX）」「フジテレビジョン（CX）」の5つのテレビ局があり、準キー局とは大阪を放送エリアとする「読売テレビ」「朝日放送テレビ」「毎日放送」「テレビ大阪」「関西テレビ」の5局を指します。

　ローカル局は特定の地域を放送エリアに持つ放送局で、国内で約130局があり、基本的にはキー局の番組を放送しますが、天気予報やニュース、情報番組などはローカル局が制作する自主番組もあります。

　独立局は、ローカル天気予報、高校野球、地域のプロスポーツチーム情報など、それぞれの都道府県などに特化した番組を放送

しているのが特徴で、ローカル局よりもさらにエリアやターゲットを絞っています。

テレビへのメディアアプローチのポイント

　情報番組や報道番組では、さまざまなジャンルのコーナーがあるため、同じ番組でも多彩な切り口での紹介が可能です。また、バラエティ番組では「クイズ」や「ご褒美」など、工夫を凝らして露出させることもできるので、日頃からチェックをしておくことが重要になります。過去のオンエアを視聴し、構成やストーリーの作り方、演出の仕方を研究して、オンエアイメージを明確に持ってからアプローチしましょう。

　担当者には、その企画を採用することで何が撮影できるのか、誰に取材できるのかなどを、なるべく専門用語を使わずにわかりやすく説明します。

　担当者は誰か、決定権を持っているのは誰か、会議のタイミングはいつか、どのように企画を決定しているのかなどの情報を集めることも露出獲得につながります。原則として、オンエアの2〜3時間前、オンエア直後から1時間は、電話連絡は避けてください。

> ### もう一言！　大きなテーマの担当者
> 「キャッシュレス」や「AI」といった大きなテーマについては、経済部は特に細かく担当が分かれている場合があるので、担当の分野を聞くようにしましょう。

3. Web

インターネットを使った情報発信メディアであるWebは、主に「1次メディア」「2次メディア」「キュレーションメディア」「ソーシャルメディア」「まとめサイト」「バイラルメディア」の6種類に分類されます。

① 1次メディア

オリジナルの記事を執筆・掲載することが役割で、編集機能を持って運営しているメディアのことを指します。新聞社や通信社、雑誌と連動して出版社が運営するメディア、テレビ局が番組で放送した内容を紹介する動画メディアなどがあります。

さらに専門分野に特化した情報を発信するWeb上のみで展開するメディアも多数存在し、「マイナビニュース」や「ORICON NEWS」、「ねとらぼ」や「ウォーカープラス」などが相当します。

② 2次メディア

1次メディアが配信している記事やニュースを2次的に掲載しているメディアを指します。基本的には見出しと本文がそのまま転載されますが、見出しのみ変更して掲載されることもあります。代表的な2次メディアには「Yahoo!ニュース」や「exciteニュース」「gooニュース」などがあり、これらのメディアは一部を除いて独自で記事の執筆はしていません。

また2次メディアの中にもいくつかの種類が存在し、「ポータルサイト」と呼ばれるメディアは、各社との契約によって記事を配信しています。

③ キュレーションメディア

2次メディアの一種で、それぞれのユーザーの特性に合わせて、世の中のトレンドなどをカテゴリーごとに配信するメディアです。「Gunosy」や「Smart News」などが当てはまります。

④ ソーシャルメディア

インターネット上で個人や組織が情報を発信でき、参加者同士がコミュニケーションを取ることを通じて、情報が社会的に広く拡散されるように作られたメディアです。Facebook、Twitter、InstagramなどのSNSや、YouTubeなどの動画配信サービス、ブログ、ネット掲示板などがこれにあたります。

⑤ まとめサイト

ある特定のテーマに関連した情報（サイトや記事・文章など）をひとつの記事としてまとめたサイト。また特定のテーマだけではなく、そうした記事をテーマごとに数多く掲載しているサイトもあります。

⑥ バイラルメディア

SNSで共有・拡散されることを重視して、ユーザーの興味を引く目立つ画像や話題性の高い動画を中心に構成されたコンテンツを掲載するメディアです。

Webメディアへのアプローチのポイント

経済系のWeb媒体は、業界担当者・企業担当者がいることが多いので、担当記者を見つけることが第一歩になります。企画決

定権は、編集デスクにある場合、編集部員にある場合、記者にある場合など、さまざまなパターンが考えられるので、それぞれの媒体で決定権のある人にコンタクトを取れるようにしましょう。

　Web担当者が誌面担当者と同じ場合と、別な場合もあるので、Webとの情報連携についても確認します。ポータルサイトに転載数が多く、拡散性が高い媒体から優先してアプローチすると効率が良いでしょう。

　内容としては、過去の特集記事をよく読んで、定期的にある特集や傾向を分析してください。スケジュール的には、Webメディアは1カ月前〜1日前の範囲で掲載内容を決めていることが多いため、訴求したい情報に応じて仕込むスケジュールを検討します。

もう一言！　「情報の鮮度」に注意
サービスなどのPRでは、ローンチ後は情報の鮮度が落ち、ほとんど掲載されなくなるので、プレスリリース配信からローンチ前までのアプローチが肝心。その際、画像の提供は必須です。

---

4. 新聞

　日本の新聞は、大きく分けて、広い分野を扱う「一般紙」、スポーツや芸能・レジャーなど娯楽のニュースを中心に扱う「スポーツ紙」、株式・産業など特定の分野を重点的に扱う「専門紙」に分けられます。さらに一般紙には、国内全域で販売される「全国紙」〈図表22〉、複数の都道府県を対象にした「ブロック紙」、ひ

図表22　各新聞の部署の名称

各紙の部署名称	朝日新聞	毎日新聞	読売新聞	日本経済新聞	産経新聞	アプローチ例
政治	政治部	政治部	政治部	政治部	政治部	政治ネタ（あまりPRではプロモート機会がない）
経済	経済部	経済部	経済部	経済部／企業報道部	経済本部	新サービス／新商品など
社会	社会部	社会部	社会部	社会部	社会部	警察の動きに関連するイベントなど
国際	国際報道部	外信部	国際部	国際アジア部	外信部	国際関連のネタ
地域・地方	地域報道部	地方部	地方部	地方部	地方部	地域のネタ
運動	スポーツ部	運動部	運動部	運動部	運動部	スポーツ関連全般
文化	文化くらし報道部	学芸部	文化部	文化部	文化部	音楽・アートなど文化に関連する情報
生活	文化くらし報道部	生活報道部	生活部	生活情報部		医療、介護、年金、障害者福祉、子育て、生活保護、雇用、労働問題などくらし関連の情報

とつの県単位で発行され、地域密着情報を中心に扱う「地方紙」があります。

朝日新聞・毎日新聞・読売新聞・日本経済新聞・産経新聞の5つの全国紙は、それぞれがテレビ局のキー局と密接な資本関係および提携関係を持ち、日本経済新聞以外の4紙はスポーツ新聞をグループ会社もしくは本体より発行しています。またブロック紙とは、広域的な影響力や発行部数の多さなどの指標から、北海道新聞・中日新聞・西日本新聞の3紙のことを指します。

新聞へのメディアアプローチのポイント

日本経済新聞の経済部（企業報道部）は、企業ごとに担当者が決まっているので、企業担当記者に連絡を取るようにしましょう。日経MJはトレンド面（表面・裏面）を担当する記者が決まっているので、署名から担当記者をリサーチします。

それ以外の新聞は、分野ごとに担当が決まっているため、過去記事の署名を参考にするほか、「この記事を担当された記者はどなたですか？」と直接聞くことで、アプローチしたい内容に興味がありそうな記者を探します。

5. 通信社

通信社は新聞社と同様、社会部や経済部・文化部・運動部・政治部・外信部・写真部などが存在し、数多くの記者が在籍して取材機能を持っています。新聞社と通信社の大きな違いは、自社媒体があるかどうか。新聞社の記者は取材・執筆した記事を自社の紙面に掲載するのに対し、通信社は自社の媒体を持っていないため、執筆した記事を契約社に向けて配信しています。

国内には「共同通信社」と「時事通信社」という二大通信社が存在します。

「共同通信社」はNHKならびに全国の新聞社が加盟社となり、加盟社が支払う社費と呼ばれる出資金によって運営されており、共同通信社の執筆した記事は加盟社および契約社に配信されているのが特色です。対して「時事通信社」は加盟社を持たず、配信した記事が採用された場合に収入が入る形式となっています。

もう一言！　ストックフォトサービスも業界に参入

通信社は海外にも多く点在し、業界の変化によりGetty Imagesやアフロなどのストックフォトサービスも通信社と同様のサービスを展開するようになっています。

---

6. 雑誌

　雑誌は定期的に刊行される出版物の一種で、1週間に一度発行される「週刊誌」、1カ月に一度発行される「月刊誌」をはじめ、「隔月刊誌」「季刊誌」「年刊誌」などがあります。

　定期性があるという点で書籍やパンフレットとは異なり、新聞のように時事の報道を主とするよりも、さまざまな特化したジャンルにおいて、写真やイラストを加えたり、解説や評論をしたりといった特徴があります。

　雑誌の種類としては、「一般誌」「学術雑誌」「官公庁誌」「団体・協会誌」「企業誌」「業界専門誌」などがあり、日常で目にするものの多くが「一般誌」です。「一般誌」の中にも総合月刊誌・週

刊誌、写真週刊誌、女性週刊誌、専門雑誌、経済（ビジネス）誌、趣味・娯楽誌、情報誌、漫画雑誌、少年誌など多くのジャンルがあります。

雑誌へのメディアアプローチのポイント

経済系の雑誌は、業界担当者・業担当者がいることが多いので、新聞と同様に、担当記者を特定することがスタートです。編集長が必ずしも企画内容のすべてを決定しているわけではなく、編集部員からの提案に対して判断が下されることもあり、企画決定権のある人と実務をこなす人が別の場合もあるため、決定権のある人にコンタクトを取ることが必要です。

先ほども述べたように、同じ媒体であっても、誌面担当者とWeb担当者は、同じ場合と異なる場合があるので、Webとの情報連携についても確認します。

内容としては、**過去の特集記事をよく読んで、定期的にある特集や傾向を分析してください**。スケジュール的には週刊誌は1カ月前、月刊誌でも2カ月前〜1.5カ月前には大方の掲載内容を決めていることが多いので、3カ月前〜2カ月前までを目安にアプローチしましょう。

7. ラジオ

音声による放送のことです。報道や音楽・演芸・教育など、番組を一般聴取者が同時に直接受信するメディアで、大きく分けて「AM放送」「FM放送」「短波放送」の3種類があります。いずれも音声を電気信号に変え、電波に乗せて飛ばす放送方式ですが、このための方法（変調方法）が異なります。

AM放送は、電波の強弱（振幅）を変化させて音声を伝える振幅変調（Amplitude Modulation）という方式。遠くまで広い範囲で電波が届きますが、混信による雑音が多く、音質もFMと比べて劣ります。AM放送でニュース番組やトーク番組、スポーツ中継などが多いのはこのためです。

FM放送は、音声に合わせて周波数を変化させる周波数変調（Frequency Modulation）という方式です。電波の届く範囲はAMと比べると狭いのですが、雑音が少なく音質が良いという特徴を活かして、音楽番組が多く放送されています。

短波放送は、変調方式はAMと同じですが、周波数帯が違うため、短波放送用の受信機が必要です。条件が良ければ世界中の放送を聴くことができるため、国際放送によく使われ、日本では「ラジオNIKKEI」や「NHKワールド・ラジオ日本」などが知られています。

ラジオへのメディアアプローチのポイント

組織図がテレビ局と似ているため、アプローチ方法も基本的には似ています。

番組とパーソナリティの関係性が強いのが特徴なので、番組との親和性だけでなく、「この人がパーソナリティを務めている」という点を切り口に提案すると、露出が獲得しやすいといえます。番組で紹介した内容をパーソナリティ個人のSNSで投稿してもらう機会も比較的創出しやすいでしょう。

また、ラジオが運営するオフィシャルサイトやSNSもあるため、放送後に内容が記事化される可能性もあります。ラジオの内容をそのまま記事化するWebメディアもあるので、副次的な露出を狙うことができます。

03 実践 メディアプロモート①
取材誘致のための資料作りと
アプローチ

こ こでは、さまざまなメディアに対して送る「取材してもらう
ための資料」として、具体的にどのようなものがあり、どう
作成すればいいかについて解説します。

取材案内状を作る

取材案内状は、記者会見や内覧会などの実施にあたり、取材を
誘致するためにメディアへ配信する資料です。

メディア向けイベントは毎日のように多数行われており、メ
ディアは数多くの取材案内の中から「これは」と思う取材先を選
別するため、ニュースの価値を深く吟味して取材検討をしてもら
うために、取材案内状はイベント実施の2〜3週間前には配信す
るのが理想的です。

各担当者はギリギリまで取材対象を選ぶため、出席返事は前日
になることも多くみられます。案内状で押さえるべきポイントは、
①報道価値がわかるタイトルであること、②5W1H（誰が、何を、
いつ、どこで、どんな目的で、どのように）が記載されているこ
とです。

取材案内状の作成のポイント

- ●タイトル：「取材案内状」であることを明記しているか、イベントタイトルは明記されているか、対象メディアにとって報道価値のあるものであることを表現できているか

- ●ビジュアル：イベントで撮れる「画」を魅力的に感じてもらえるよう、重要なポイントを描写、もしくは参考となるビジュアルを掲載しているか

- ●リード：5W1H＝日時（When）、場所（Where）、主催・登壇者（Who）、イベントの目的（Why）、イベント当日の内容（What）・流れ（How）が書かれているか、これらが簡潔にまとまっているか

- ●取材参加方法：先着順や抽選などの案内方法を記載しているか（※抽選はメディアの競争が激しそうな場合や待機スペースがない場合に検討）

- ●著名人参加の場合：囲み取材・個別取材の有無を記載しているか、写真やプロフィールを掲載しているか

- ●注意事項：撮影できないものがある、Web用動画撮影はできない、有料コンテンツへの配信はできないなどの場合、NG事項をきちんと記載しているか

- ●地図：取材場所の地図は入っているか、使用している地図は著作権法に違反していないか、FAXでも見やすいか

- ●駐車場：駐車場の有無を記載しているか

- ●問い合わせ先：電話番号、返信用FAX番号やメールアドレスに間違いがないか

- ●可読性：FAXで送ることも想定して、モノクロ印刷でも見やすい案内状となっているか

ファクトブックを作る

　ファクトブックとは、ブランド概要やプレスリリースおよびニュースレターにまとめた内容を、取材のフックとしてメディア向けに編集した資料のことです。

　商品やサービスにまつわるスペックなど事実をまとめることはもちろん、対メディア用のPRポイントを細部にわたってわかりやすく編集することにより、メディアのブランド理解を深め、露出の可能性を高めることができます。

　目的は、媒体で取り上げる必要性についての説得力を高め、プレスリリース以上にメディアにブランドの根幹を伝えることです。公式データとして掲載・露出の際に確認するための資料でもあり、記載項目の例としては、次のようなものが挙げられます。

- ●ブランド概要：商品・サービスなどの概要や特徴。他社との差別化できる点を明記する
- ●業界・市場動向：業界や市場に関する動き・トピック、業界における自社および自社商品・サービスの位置づけ
- ●取材先（スポークスパーソン）候補：社長、開発担当者、広報担当者、大学教授、専門家など取材対象者となり得る有識者のプロフィールとコメント
- ●未来の展望：ブランドにより世の中や人々の暮らしがどのように変わっていくのかを説明する
- ●実績・歴史：企業やブランドの沿革、商品・サービスの実績や歴史
- ●露出実績：いままで配信したプレスリリースや取り上げられた記事など

プロモート資料を作る

「幅広いメディアに対して情報を訴求する」プレスリリースに対して、「特定のメディアに対して露出確度を高めるために企画提案する」ものがプロモート資料です。

まずはメディアを研究して、露出イメージに合うメディアを選び、メディアごとの特徴に合わせて必要な要素を洗い出しましょう。どんな生活者にどんな情報を届けたいのか、露出されたときのイメージを膨らませながら、メディアごとに適した切り口で情報を記載します。

切り口を考える際には、たとえば、

- ●市場動向などの業界分析を行って状況を整理して説明する
- ●自社と他社の事例を並べて業界全体の盛り上がりを伝える
- ●特定のエリア内で親和性のある情報を取りまとめる

など、さまざまな方法があります。

04

THE MOST IMPORTANT
BASICS OF PR

実践 メディアプロモート②
ヒアリングから
イベントの取材対応まで

前項では、メディアプロモートにおける「資料の作成」について
まとめましたが、このパートでは「リアルで行う対応」に
ついて解説します。後半では、記者発表や内覧会など「イベント時
の取材対応」についても触れます。

ヒアリング

メディアの露出を実現するためにヒアリングは欠かすことがで
きません。記事や企画を検討する上で、それぞれのメディアの体
制やスケジュールなどを理解し、よいタイミングで情報を訴求す
ることを心掛けましょう。また、メディアの特徴だけではなく、
担当者自身を知ることによっても露出を獲得しやすくなります。
参考資料として、ヒアリングシートを載せましたので、ぜひ活用
してみてください〈図表23・24〉。

メディアプロモートの際のポイント――テレビ・新聞・雑誌

テレビは企画が決まるまでのフローが番組によって大きく異な
るため、まずはその流れを知り、適切なタイミングで適切な担当
者に情報を伝えることが露出を左右します。

新聞は担当部署によって取り扱い範囲が大きく異なることから、

図表23　ヒアリングシート　テレビ用

ヒアリングシート　テレビ用		
担当案件について	日付　　　／　　／　　（　　）	
	氏名	

番組名（コーナー名）	コーナー	担当日は何日前に決まるか
▼担当者名 アプローチを行った人の名前	▼担当曜日／曜日型以外 ○曜日担当（○曜日班） ※曜日型以外の場合は、 　その旨を記載	「コーナー名」or○○週の 担当者は、オンエア日の ○日前に決定
▼担当者名 アプローチを行った人の 役職／部署名	▼担当コーナー／持ち回り型 ・「コーナー名」担当（固定） ・○日の「コーナー名」担当 　（変動する場合）	企画は何日前に決まるか ○○週の企画は、オンエア の○日前までに決定 ※企画会議は○○曜日○時
スタッフの人数 計○○人 ※○曜日は○○人体制など	リサーチャーの有無 （ある場合は詳細に） リサーチャー：○○ ○○さん 「番組名」「番組名」などの 情報を集約	取材先を決める人は誰か プロデューサー・ ディレクターなど（役職）

ネタ	オプション
▼何日前に入れるべきか ○○週の企画は、オンエアの○日前までに決定 ※企画会議は○○曜日○時	▼決定権を持つ人の好みのネタ （例）新店舗の場合、 　　　商品開発の秘話を語れる人がいるか
▼どれくらい先までネタが決まっているのか ○月○日時点で、○月末まで決定している	▼最近注目しているトレンド （例）お取り寄せグルメ、新感覚パフェ、 　　　腸活関連
▼どういった要素があれば検討してもらえるのか 担当者インタビュー、メニューの実食など	▼情報収集元（PRTIMESなど） 「Webサイト名」、SNS、PRTIMESなど ※番組担当者が何を見て 　情報のリサーチを行っているか

会議の5W1H（会議日程）	
▼いつ 毎週／隔週　○曜日○時〜	▼何を ○○週の企画、 ○○週の「コーナー名」で扱うネタ
▼どこで 局内	▼なぜ
▼誰が 各曜日担当、 各コーナー担当＋○○○○（役職）	▼どのように 各曜日担当、各コーナー担当が企画書を 持ち寄り決定　※1人○企画持ち寄りなど

図表24　ヒアリングシート　新聞・雑誌用

ヒアリングシート　新聞・雑誌用

担当案件について	日付　　／　　／　（　）
	氏名

媒体名（コーナー名）	掲載面	今後の特集予定について
▼担当者名 アプローチを行った人の名前	「企画名」など	○月：○○特集（予定） ○月：○○特集（予定） ○月：○○特集（予定）
▼担当者名 アプローチを行った人の 役職／部署名		

スタッフの人数	誌面とWeb担当者が別々か	担当ジャンル （ある場合は食・ファッションなど詳細に）
計○○人 ※「企画名」ページは○人体制 など	誌面担当：○○○○さん／ Web担当：○○○○さん	ホテル担当、スイーツ担当、 「企画名」担当

ネタ	オプション
▼何日前に入れるべきか 現在○月発売号の情報リサーチ中 ※○月発売号の情報は、○月中に決定	▼最近注目しているトレンド （例）お取り寄せグルメ、新感覚パフェ、 　　腸活関連
▼どれくらい先までネタが決まっているのか ○月○日時点で、○月号まで決定している	▼情報収集元（PRTIMESなど） 「Webサイト名」、SNS、PRTIMES、 ○○ライターの意見など ※担当者が何を見て 　情報のリサーチを行っているか
▼どういった要素があれば検討してもらえるのか 自社商品のほかに、企画の並びとして、 ○品ほど類似商品の情報がほしい	

会議の5W1H（会議日程）	
▼いつ 毎週／隔週　○曜日○時〜	▼何を ○○発売号の企画、企画内で取り扱う情報
▼どこで 局内	▼なぜ
▼誰が 企画担当＋○○○○（役職）、ライターなど	▼どのように 各企画担当が企画書を持ち寄り決定 ※1人○企画持ち寄りなど

担当者の部署や扱っている企画、その企画のサイクルについて把握することが大切です。

　雑誌については、ほかの媒体とは異なり、入稿から出版まで数カ月かかるため、おおよそ2カ月先を見越した企画や特集を把握し、進行スケジュールに合わせてアプローチします。

　メディアも日々変化しているため、事前の媒体研究はもちろんですが、会議のサイクルや担当者自身についてなど、**実際の会話でしか知りえない情報**もたくさんあるので、ヒアリングシート内の項目はぜひ押さえておきましょう。

アプローチのスケジュールとポイント

　アプローチに際してのポイントを3つ挙げておきます。また、一般的なスケジュールを次ページ図表25にまとめます。

POINT 01　各メディアの「ニュース選定の慎重さ」の違い

　新聞・雑誌・Webは読者が能動的に読むことでニュースを理解するのに対して、テレビは一方的にニュースを放送することができるため、ニュースの選定に対して慎重になる傾向があります。

POINT 02　各メディアの「トレンドへの意識」の違い

　雑誌・Webは「トレンドを提案する」のに対して、テレビ・新聞は「トレンドを紹介する」という性質があります。テレビ・新聞はいまこれがトレンドであるという証拠が必要なため、「途切れない行列」「驚くべき数値」「著名人のレコメンド」などの要素を用意することで、取材されやすくなります。

図表25　メディアアプローチのスケジュール

	1年前	半年前	1カ月前	1週間前	1日前	露出当日

テレビ
- ストレート※
- 特集／コーナー
- 密着／ドキュメンタリー

Web
- ストレート
- 特集／コーナー

新聞
- ストレート
- 特集／コーナー

雑誌
- 月刊誌記事
- 週刊誌記事
- 経済紙トレンド記事

※ ごく最近に発生した事象・出来事を速報的に取り上げて報道する「ストレートニュース」のこと

POINT 03　各メディアの「お互いに対する意識」の違い

　テレビ・新聞・雑誌・Webが同ジャンルのメディアについて紹介することは珍しいといえます。しかし、テレビが新聞・雑誌・Webで情報収集し、ニュースで紹介するという例はよくみられます。

「どのメディアが、どのメディアに注目しているのか」を調べることも重要です。

記者発表・プレスセミナー

　主な取材対象者は、会社の代表者・事業責任者・開発担当者・広報担当者や、ゲストの著名人や専門家です。当日に滞りなく対応できるように、いつ、どこで、誰に、どのような内容を取材したいかをメディアに確認します。

　インタビューをする場合は、なるべく事前に質問案を取り寄せ、回答を準備しておきます。撮影のスケジュールも細かく決めて、最終的にどのようなかたちで掲載・露出するのかも知っておきましょう。

　インタビューのほか、映像の間に挿入するインサート撮影などが行われることもあるため、テレビに関しては1人つきっきりで対応するスタッフがいることが望ましいでしょう。

　取材当日は、取材要綱をまとめた資料をメディアに渡し、取材の流れを打ち合わせてから開始します。また後日、原稿の校正をすることを踏まえ、インタビュー内容をメモや録音に残しておきます。

内覧会・試食会

　主な取材対象者は会社の代表者・事業責任者・開発担当者・建築担当者・広報担当者などです。事前の準備は、記者発表・プレスセミナーと同様。事故なくスムーズに取材対応できるように調整します。

　飲食の撮影がある場合は、モノの状態に常に気を配り、状態が変化した際には差し替えるなど、**常に良い状態で商品を映せる**ように努めます。全体を見回し、何かに困っているメディアに対しては、適宜お声がけをします。

05 実践 メディアプロモート③ 5つの確認事項と小ワザ集

THE MOST IMPORTANT
BASICS OF PR

章 の最後に、メディアの担当者に会いに行く前に押さえておきたいポイントと、知っていると意外に役に立つ「小ワザ」をまとめておきます。

メディアに行く前に確認する5つのポイント

実際にメディアの担当者に会いに行く前に、特に確認しておくべき事項を5つ挙げておきます。

① PR背景やストーリーを作る

メディアが報道したくなることを、メディアに興味を持ってもらえるように演出する、いわば「メディアのためのストーリー」を作ります。

「その商品がどういう背景で生まれたのか」「いつ、誰が、どのように生み出したのか」をPR視点でストーリーにすることで、取材の検討材料になります。

② 取材対象者の有無を確認する

メディアによっては、インタビュー取材が必須となっている場合があります。そのため「取材対象者がいるのか」「取材が可能な

のか」「取材するにあたりニュースバリューは何なのか」を事前に知っておく必要があります。取材対象者のプロフィールも準備しておきます。

③ 取材できる日程を出す

取材対象となるものが、いつ取材できるのかを把握しておくことで、効率的に話を進めることができます。

④ 提供できる素材を準備する

画像や商品サンプルなど、「メディアに紹介される際に映すことができるもの」として何があるのかを把握することで、プロモート活動をスムーズに進めることができます。

⑤ NG事項やNG表現を把握する

取材時にNGなこと、ブランドとしてNGな媒体や表現などのレギュレーションを事前に確認しておくことで、事故のない露出を調整することができます。

メディアプロモート小ワザ集

ここまで述べた以外にも、メディアに効果的にプロモートを行うためのちょっとしたテクニックは数多くあります。ここでは、そのうちのいくつかを紹介します。

署名記事の活用（新聞）

記者の署名が入っている新聞記事を「署名記事」と呼びます。プロモートしたいジャンルの記事を調べた際、その記事に署名が

あった場合は、その記者にアプローチしましょう。

テレビ番組のエンドロールのリサーチ

　テレビ番組へのプロモートの際には、該当番組のエンドロールをチェックしておくこと。総合演出やプロデューサー、ディレクターなどの情報を得ることができます。

Wikipediaの活用（テレビ）

　テレビ番組へのプロモートの際、事前のリサーチとして、該当番組のWikipediaのページを見ておくことで番組に携わっているスタッフリストを調べておくことができます。ただし、番組公式の情報とは異なるので、必ずしも正確でなかったり、情報更新が行われていなかったりする場合もあるため注意が必要です。

奥付の活用（雑誌）

　雑誌へのプロモートの際、事前に雑誌の特性やターゲットを調べておくことは当然ですが、誌面の裏表紙をめくると、編集長や編集スタッフの名前が記載されているので活用してください。

ライターのリサーチ

　媒体（編集部）には属していなくても、業界に精通しており、さまざまな媒体に執筆しているライターを探し出すことで、メディアでの掲載の可能性が高くなります。

メディアアンバサダーの活用

　メディアによっては「アンバサダー」と呼ばれる読者集団を抱えている場合があります。アンバサダーはモデルやライターとし

ての機能を持っているため、アプローチは有効です。

地方アプローチに関して

　地方によりアプローチのタイミングや担当者が異なるため、地方ごとのメディアの基本特性を理解する必要があります。

　たとえば、在阪メディアのテレビは2カ月前に情報を入れるのが基本であったり、構成作家がリサーチの役割を担っているためアプローチに向いていたり、といった特徴があります。

電話口でのトークについて

　執筆・編集作業で忙しいメディアスタッフは、電話で手を止められることを好まない傾向があります。そのため、案件の説明をいきなりするのではなく、相手の状況に配慮して話すことが大切です。

第 5 章

「リアル
プロモーション」
の原理原則

01 立体的な戦略を基にした リアルプロモーション

売上拡大や集客などの課題を解決するやり方のひとつがプロモーションで、PR発想で生み出す「社会的な価値」を付け加えながら、企業やブランドの商品を生活者に比較的近い接点でアピールしていくコミュニケーションです。

「プロモーション」という言葉は、かなり広い意味で捉えることができますが、この章では、特にセールスプロモーションおよびイベントなどのリアルプロモーション（フィールドプロモーション）について具体的に解説していきます〈図表26〉。

コミュニケーションの効果がアップする秘訣

認知をしてもらうことから始まり、購入したいと思われる動機を作り、実際に購入してもらうまでのストーリーを組み立てて、広告とパブリシティ、プロモーションを効果的に連動させるのが秘訣です。

自社や自社のブランドといった目線だけではなく、**第三者の視点も踏まえた多角的な情報を組み込み、一方通行で終わらない「立体的な戦略」を作る**ことで、伝わるコミュニケーションプランを構築します。

図表26　リアルプロモーションの概要

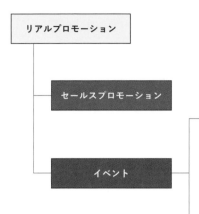

クローズドイベント

プレス向け発表会や、関係者向けパーティなど、予め限定された参加者に向けて開催するイベント。ターゲットが明確であるため、ダイレクトな情報伝達が可能

オープンイベント

サンプリングなどの街頭イベント、新商品やブランドの世界観を伝えるためのポップアップショップやタイアップカフェなど、広く一般向けに開催するイベント。参加者を限定しないため、多くの人に情報を伝えたり、接点を持ったりすることが可能

セールスプロモーションで キモになる知識

セールスプロモーションとは、生活者が商品を購入したり、サービスを利用したりする場所で接点を持ち、売上アップにつなげるコミュニケーションのことを指します。

セールスプロモーションでは認知から購入へと誘導し、「直接的な購入動機」を作ることができるため、流通先も効果を感じやすく、店頭での取り扱いがよくなることにもつながります。

広告、PR、セールスプロモーションの違い

たとえば、「ペットボトルの中国茶を、日本茶に負けないくらいごはんと一緒に楽しんでもらいたい！」というお題を例に考えてみましょう。

広告であれば、中国茶とおにぎりを楽しむ画を作ってCMで発信し、認知度を上げます。

手法としてのPRでは、中国茶とおにぎりを一緒に楽しむ裏づけになるトレンドや、時事と絡めた第三者目線の調査データなどをまとめたニュースレターを発信し、メディアを通じて間接的に「購入の動機」を作ります。

これに対してセールスプロモーションは、中国茶とおにぎりを一緒に買うと得になるセット割引を導入したり、セットで買うと

応募できるキャンペーンを実施したりと、直接的な働きかけによって「購入の動機」を作る、というような具合です。

ターゲットの購買までの導線

　購買にいたるまでの導線を紐解き、「認知拡大」「来店促進」「購買促進」「囲い込み」と、それぞれのフェーズで効果的な施策を行います。また、商品を取り扱ってくれるお店に向けた取り組みも行い、自社商品が店頭に多く並ぶような施策を実行します〈次ページ図表27〉。

　セールスプロモーションが行われる場所は、店頭であればコンビニエンスストア、スーパーマーケット、ドラッグストア、ショッピングセンター、ホームセンターなどがあり、独自の流通としては、自店舗から自動販売機、オンラインストア、ECサイト、SNSまで多彩なものがあるので、それぞれに応じて最適な手法を選ぶようにします。

流通の仕組み

　メーカーが製造したものは、卸売業・小売業を経て生活者の手に渡るのが一般的ですが、製造から小売までのほとんどを自社で賄う企業もあります〈133ページ図表28〉。

価格決定力は利益の源泉

　価格決定力とは、メーカーが時間をかけて開発・製造した商品が、どれだけの利益をもたらすかを決めるもので、卸売業や小売業者にとっては、「他社とどれだけ差別化を図ることができ、お客さまを集め、利益を残せるか」という生命線。製造から生活者

図表27　ターゲットの購買までの導線

ターゲットの購買までの導線を鑑み、
それぞれに効果的な施策を展開＋流通向け施策で配荷率を高める

		SP
STEP 1 認知拡大	PR ／ Web 広告 OOHメディア 　（屋外広告／交通広告など） 雑誌タイアップ広告	◎オープン 　キャンペーン ◎サンプリング
⬇		
STEP 2 来店促進	Web 広告 OOHメディア 　（屋外広告／交通広告など）	◎ポスティング ◎折り込みチラシ
⬇		
STEP 3 購買促進	イベント	◎クローズド 　キャンペーン ◎店頭POP
⬇		
STEP 4 口コミ誘発／ 囲い込み	インフルエンサー施策	◎DM ◎メルマガ
⬇		
STEP 5 流通向け施策		◎商談パンフレット ◎インナー 　キャンペーン

図表28　一般的な流通のフロー

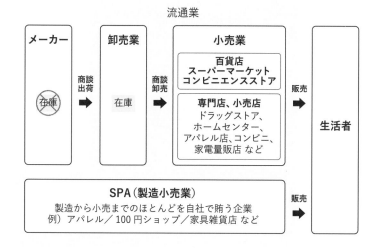

に商品が届くまでの取引経路である「サプライチェーン」に関わるすべての事業者にとって、とても大切な要素です。

　2000年代以降、有力な小売業の店舗やブランドの種類が増え、生活者は豊富な選択肢の中から、自分の好きなお店や商品を選ぶ時代になりました。また、生産性が上がったことで商品の供給が過剰になり始め、「価格決定力は小売業や生活者が持つ」という傾向も強まっています〈次ページ図表29〉。

図表29　年代ごとの流通の変化

時代	強い	←		弱い	流通、社会状況
戦後〜 1960年頃	卸	小売	メーカー	生活者	小商圏ビジネス・ 業種ビジネス
1960〜 1980年頃	メーカー	卸	小売	生活者	テレビでのブランド育成 標準小売価格設定
1980〜 1990年頃	メーカー	小売	卸	生活者	生活者の購買行動の 変化を察知した 小売業の変化・ グループ化
1990〜 2000年頃	小売	メーカー	生活者	卸	メーカーオープン価格制 採用の増加・ 生産性アップによる 過剰供給
2000年頃 〜現在	生活者	小売	メーカー	卸	成熟市場突入、景気沈滞、 消費識別力アップ、 小売のオーバーストア、 豊富な買物情報、 インターネット販売、通販、 カタログ販売

出典：MD NEXT「日本の小売業が直取より卸売業を活用すべき理由」https://md-next.jp/11610

03
THE MOST IMPORTANT
BASICS OF PR

セールスプロモーションを極める①「認知拡大」と「来店促進」の施策

認知拡大における主な施策は「オープンキャンペーン」で、来店促進には「ポスティング」や「折り込みチラシ」などがあります。

認知拡大のための施策

オープンキャンペーン

誰でも気軽に参加ができるオープンキャンペーンは、認知を広め、企業やブランドのブランディングに最適なプロモーションです。オープンキャンペーンを行う際には、メッセージがはっきりしていて、かつ生活者が魅力を感じることが大切です。投稿ギャラリーや応募機能のあるランディングページ、SNSを活用し、さまざまな期間で行います。

セットで実施すると効果的な施策としては、WebやSNSなどのインターネット広告、懸賞サイトへの登録などが挙げられます。

オープンキャンペーンの参考事例①

清涼飲料のキャンペーンを約2カ月実施しました。応募者の中から抽選で1名に、年内の食事代の領収書の合計金額（上限金額設定あり）をプレゼントするという内容で、ハガキとWebで応募

を受け付けました。商品の発売から1年が経過して、競合商品も出てきた中で、"挑戦的で型破り"であるブランドイメージを伝えるのが狙いです。商品の特性から、食事にまつわるテーマを前提とし、「領収書を精算する」というターゲットに喜ばれる内容を打ち出しました。

オープンキャンペーンの参考事例②

クイズに答えると、抽選で1名に真っ赤な高級外車が当たるキャンペーンを、トマトジュースのブランドが約2カ月実施。FacebookとTwitterでシェアをすることで、当選確率が上がる施策を同時に行いました。トマトジュースの赤とマッチする真っ赤なクルマを景品とすることでブランドらしさを表現しつつも、顧客にとっても魅力的なキャンペーンです。「誰でも応募できること」「景品がハイグレードであること」「SNSでのシェア施策も合わせて展開したこと」で話題化を図りました。

来店促進のための施策

ポスティング

販促用のチラシを指定エリアの住宅へ投函し、情報を広く知らせることで、売上に結びつけるのがポスティングです。メリットは、住んでいる場所を軸にした細かなターゲティングができるため、集客につなげやすいこと、受け取った人の都合でいつ読むかを決められるため保管率が高いこと、視認性が高いことなどがあります。

配布したチラシを持参することで特典が受けられるようにしたり、ポスティング専用のフリーダイヤルやQRコードを設けたり

することで、効果がわかります。効果がないと感じたときは、配布するエリア、ターゲット、掲載内容やデザインなどを見直してみましょう。

> **もう一言！　チラシ以外のものも配れる**
> ポスティングは、チラシ・冊子・パンフレット・商品サンプルなどさまざまなものを配布できます。

折り込みチラシ

　信頼性の高い媒体である新聞に挟んで、ターゲットエリアへ配布するのが折り込みチラシです。40代以上の主婦や高齢者など、比較的生活にゆとりがあり、趣味や娯楽に積極的な方にアプローチをしたいときに有効です。配布したい日に一斉に配布することができるため、スポット的な効果が高いのが特徴です。

　ポスティングとは異なり、エリアのセグメントはできてもターゲットのセグメントはできず、またチラシ以外のものを挟み込むことはできません。

04
**THE MOST IMPORTANT
BASICS OF PR**

セールスプロモーションを極める②「購買促進」「囲い込み」「流通」の施策

購買促進の目的は、自社商品を試してもらうことや、いま使っている他社ブランドからスイッチしてもらうこと、自社商品を継続して購入してもらうこと、ファンを作ることなどで、「クローズドキャンペーン」「オンパック」「ニアパック」「ナショナルキャンペーン」「流通タイアップキャンペーン」、告知ツールとしては商品の近くで接点を作る「店頭POP」などのやり方があります。

囲い込みは「DM」と「メルマガ」をピックアップしました。

購買促進のための施策

クローズドキャンペーン

魅力的な景品を設けることで興味を持ってもらい、応募条件を設定することで購入点数や利用頻度を増やします。限られた金額の枠の中で、いかに景品の魅力を高められるかが大切で、「当たるかも」と思ってもらうことで応募率のアップを狙います。

主な展開場所はコンビニエンスストア、スーパーマーケットや、LINE公式アカウント、ランディングページなどです。1〜2カ月の期間に500万円くらいからで実施することが一般的です。キャンペーン事務局を立ち上げ、ランディングページを開設し、什器やPOPを制作します。

クローズドキャンペーンの参考事例①

　子どもをターゲットとしたスナック菓子のキャンペーンを約2カ月行いました。クイズに答えてWebで応募できるオープンキャンペーンと、商品を買ってハガキで応募できるクローズドキャンペーンを併用した「親子でもらえるプレゼントキャンペーン」を実施。2つの併用により、「認知獲得」と「購買促進」を同時に進められ、広く深く生活者を動かすことに成功した事例です。

クローズドキャンペーンの参考事例②

　カップ麺のキャンペーンを約4カ月にわたって行いました。対象商品についているバーコードを、2枚を1口にしてハガキに貼って応募すると、抽選で1万名にカップ麺が当たるというキャンペーン。景品の原価を抑えながらも当選人数を多く設定し、「当選確率の高さ」を感じての商品購入を促進する事例です。

クローズドキャンペーン／マイレージ方式

　購入や利用をすることで必ず当たるというクローズドキャンペーンが「マイレージ方式」です。継続的に購入や利用をしてもらうことが必要になるので、ファンを作るのにふさわしいやり方だといえます。

　事務局を設けて、概要・景品一覧・ランキング機能・応募ページなどを掲載したランディングページを開設します。LINE公式アカウントなども活用し、期間の目安は3〜4カ月で、予算目安は500万円ぐらいから検討が可能です。予算組みがしにくいため、事前に応募数に応じて景品の仕入額を交渉するなど工夫が必要です。応募の推移を常に確認しながら、景品の追加発注や応募者へ

の発送業務をするなど処理の手間もかかるので、その作業も見越しておく必要があります。

クローズドキャンペーン／マイレージ方式の参考事例

ペットボトルの飲料水を対象としたキャンペーンを約4カ月実施しました。期間中、3種類の対象商品のバーコード12枚、もしくは24枚を1口として、専用ハガキまたは市販のハガキで郵送すると、応募者全員にショルダーバックをプレゼントし、期間中は何度でも応募ができるようにしました。

販売する商品とメッセージ、「いくつもほしい」と思われる魅力的な景品を組み合わせることで、応募が促進できます。また、販売したい商品をマストで組み込むことで、注力商品の購入の促進にもつなげることができました。

クローズドキャンペーン／インスタントウィン方式

クジを引くなど、その場で当選がわかるものが「インスタントウィン方式」です。生活者にとっても自社にとっても手軽で、コミュニケーションスピードが速い（わかりやすく、目立つ）体裁にすることで、その場でブランドをスイッチしてもらうなどの効果があります。景品に魅力があるのはもちろんですが、コストを抑えてたくさんの人に当たるようなものを準備します。

インターネットを通じて当落がわかる場合には、消化されるシールやクジの数に合わせて、事前に設定した当選確率を調整することもできます。自動販売機やコンビニエンスストアで行われることが多く、期間は2週間〜2カ月が目安で、パッケージ広告、什器、POPの制作や配布する景品などで、予算は1000万円程度から検討されることが一般的です。

クローズドキャンペーン／インスタントウィン方式の参考事例

　缶コーヒーを対象にしたキャンペーンを実施しました。概要は自動販売機でその商品を購入した方に、大人気の漫画キャラクターとタイアップしたフィギュアをプレゼントするというもの。「働く男性を応援する」というブランドメッセージに合わせて、キャラクターがさまざまな職業に扮し、男性たちを支えるさまざまな機能を持ったフィギュアを提案したほか、キャラクターが描かれたオリジナルの缶キャップを採用することにより、店頭での認知拡大と売上の向上に貢献しました（のちほどケーススタディとしても触れます）。

オンパック

　購入や利用をすることで必ず景品がもらえることに加え、景品内容がわかること、その場ですぐ手に入ることで、購入の最後のひと押しをするのがオンパックです。「いまここでほしい」と思ってもらえる景品の魅力が大事なことと、コンビニエンスストアやスーパーマーケットで展開する際、景品をつけたまま陳列するスペースの確保が必要なので、注意が必要です。目安として2〜3カ月の期間が設定されますが、「景品がなくなり次第終了」というやり方が多く見られます。パッケージ広告、什器、POPの制作や配布する景品などで、1000万円程度から検討されることが一般的です。

オンパックの参考事例

　缶コーヒーを対象にしたオンパックキャンペーンを、景品がなくなり次第終了という打ち出しで実施しました。対象商品を買う

と、1本に1個、縦×横×高さが4×4×5mmの世界最小級ブロックがついてくるというキャンペーン。必ず景品の内容を明記しなければいけないため、景品を重複させることなく購入でき、景品の種類を多く設定しても、「ぜんぶ集めたい」というコンプリート意欲を刺激することができます。

ニアパック

対象商品を2個以上購入することで、必ず景品がもらえるというやり方で、まとめ買いを促進させる効果があります。「もらえる景品のインパクト」が大事で、オンパックと同様、景品をつけたまま陳列するスペースの確保が必要なので注意が必要です。ドラッグストアやスーパーマーケットで行われることが多く、なくなり次第終了となります。

什器、POPの制作、景品などで、500万円程度の予算から検討が可能です。

ニアパックの参考事例

ペットボトルのお茶のニアパックキャンペーンを1年間に2回、総合スーパーマーケットとドラッグストアで行いました。小さいサイズの商品を2本、もしくは大きいサイズの商品を1本購入すると、特製のフリーズドライ食品がもらえるキャンペーンです。いくつもらっても困らない景品なため、店頭でのまとめ買いを促すことができました。

ナショナルキャンペーン

コンビニエンスストアやスーパーマーケットなどで、全国規模での大々的なプロモーションを行い、さらなる需要拡大へつなげ

るキャンペーンです。広い流通を対象とするため、「どこでも買うことのできる商品」を対象とし、景品も多くの当選者に当たるものを準備します。

　大掛かりな展開のため、専用のキャンペーン事務局を設置することは必須で、ランディングページの開設はもちろん、専用の什器やPOPも制作する必要があり、商品数や展開数によっては、5000万円以上の予算が目安となってきます。

ナショナルキャンペーンの参考事例

　全国で展開している調味料を和食に欠かせないものとしてブランディングをするため、11月24日の「和食の日」に合わせて、全国40紙で各地の食材を使ったレシピつきの広告を展開しました。

　共通のコピーとビジュアルを用い、統一されたクリエイティブで訴求することで、一体感のあるキャンペーンとして表現。一方で、各地の旬の食材を活かしたレシピを掲載することで地元の人々の共感を呼び、地域に最適化したコミュニケーションとなりました。

流通タイアップキャンペーン

　コンビニエンスストア・ドラッグストア・スーパーマーケット・文房具店・雑貨店など、特定の流通企業と協賛して行うキャンペーンを流通タイアップキャンペーンと呼び、流通側とメーカー側のどちらにもメリットがあります。

　流通側のメリットは、「キャンペーンを行っている自社の店舗に、来店したいという生活者の動機づけができること」で、メーカー側のメリットは、実施期間中の流通との商談において「対象となる商品が一定数出荷され、各店に並べてもらえる保証がある

こと」と、交渉次第で「キャンペーンが終わったあとも継続的に棚を確保できる可能性があること」です。

　期間は約2〜4カ月、予算は約1000万円からが目安となり、準備するものは事務局の設置とランディングページ開設、什器、POPなどです。

流通タイアップキャンペーンの参考事例

　缶コーヒーを対象にした流通タイアップキャンペーンを、地域密着型のスーパーマーケットチェーンで、約4カ月間実施しました。内容はキャンペーン期間中に、缶コーヒーのキャンペーンケースを買うと、グループ共通で使える商品券1000円分やポイントがもらえるというもの。特定の流通とタイアップする企画は当選確率が高いと思ってもらえることが多く、その流通がある地域に住んでいる方の購入の促進を狙います。

　商品券やポイントなど、「次の利用につながる景品」にすることが効果的です。

店頭POP

　誰もが日々目にするであろうセールスプロモーションのひとつで、新商品の発売やキャンペーンの実施を謳い、購入の決め手になるアイキャッチです。流通に渡す店頭POPは、適切なものが選べるようにいくつかの種類を準備しましょう。

　店頭POPにはのぼり、バナー、タペストリー、抜き型ボードなど大小さまざまなものがあります。少数であれば、予算は50万円くらいから制作ができます。

囲い込みのための施策

DM（ダイレクトメール）

　DMは、個人や法人に向けて商品案内やカタログなどを送る郵送物全般を指し、紙ならではの特性を活かしてコミュニケーションを行います。メリットは直接手元に届く安心感があり、企業の熱意が込めやすいこと。反応率を高めるためには、単に資料を送るのではなく、企画やコピー、デザインなど、よく考えたものを送りましょう。

　また、正確な開封率を把握することはできませんが、開封率はメルマガよりも高いという調査結果もあります（「DMメディア実態調査2017」より）。一方で、クリエイティブにはいくらでもこだわることができるぶん、コスト管理の意識も大切です。

メルマガ

　購読を希望する方に対して、電子メールの形で同じ内容を一斉に配信することができるのがメールマガジンです。使い方に決まりはなく、とても柔軟性のあるマーケティングツールといえます。郵送料がかからないため低コストで多数の人に送信できるのがメリットであるほか、企業からお客さまへのプッシュ型の販促のため、即効性があるのも特徴です。

　メルマガで人気を高めるには、最新のキャンペーン情報や課題解決に役立つ情報など、「コンテンツの質が良いこと」が基本で、見やすさや、読んだときに親近感が湧くような文体も大切です。最後はコンテンツの流れを意識して自然な流れでリンクを案内し、行動につながるように組み立てましょう。

流通における施策の2本柱

　流通における2本柱の施策は、「商談パンフレット」と「インナーキャンペーン」です。それぞれ簡単に説明しておきます。

商談パンフレット

　メーカーの営業マンがお客さまと商談する際、自社商品の特徴や、競合との違いを説明するために必要不可欠なツールです。

　ブランドをわかりやすく表現するキャッチコピーやメッセージのもと、商品の特徴が伝わるような写真やデザインを配することで、商品のターゲットや目的、自社のサービス内容をしっかりアピールすることができます。営業経験の浅い社員でもパンフレットに沿えば説明がしやすく、商談のサポートツールとなります。

インナーキャンペーン

　商品を置いてもらうためのコミュニケーションで、「流通チャネルに対して集中的に販促活動を行うこと」をインナーキャンペーンと呼びます。販売スキルを向上させていくために商品説明会を開催したり、販売マニュアルや社内FAQ（よくある質問）を整備したり、社内にサポート窓口を設けたりすることがこれに当たります。販売員や営業担当の販売のしやすさをサポートするために、パンフレットや提案書、見積もりツール、Webサイトなどをブラッシュアップすることもインナーキャンペーンの一環です。

　モチベーションアップのために、販売インセンティブの制度を設けたり、営業成績が良かった人を表彰したり、社内でキックオフイベントを開催することもあります。

05 プロモーションの ケーススタディ

THE MOST IMPORTANT
BASICS OF PR

プロモーションは、それぞれの目的をクリアするために、たくさんの手法を組み合わせて行います。具体的に、どんな場合にどのようなことを行ったか、与えられた条件別に4つの事例を見てみましょう。

リアルプロモーションの4つの事例

Case Study 1
認知アップ＋ファン作りでブランド力を高めたい

新しいスナック菓子の発売に合わせて、キャラクターを開発し、キャンペーンとSNSを連動させた施策を展開することで、認知拡大とロイヤルカスタマーの育成を図りました。具体的には毎日1回抽選ができるオープンキャンペーンをWebで実施。「びっくりするような大きさと量の豪華食材をプレゼントする」という内容がSNSで話題となりました。結果、流通側に対してインパクトのある商品としてアピールを図ることができ、営業を支援する意味でもうまく働きました。

ファン作りの側面としては、キャラクターが公式Facebookページで、日々の応募情報などと絡めながら毎日投稿を更新。3カ月で3000いいね！を獲得するなど、ファンの囲い込みにも成

功しました。

Case Study 2　短期でとりあえず結果を出したい

　缶コーヒーと、35周年を迎える大人気マンガのキャラクターがタイアップしたオンパックキャンペーンを展開しました。キャンペーンに合わせてWeb広告を運用したことで、SNSでの話題化に成功し、来店や購買の促進に寄与した事例です。

　ポイントは、まず期待感を醸成したこと。プレスリリースを配信し、パブリシティで広く情報を届けました。また全国の主要コンビニエンスストアでは、缶の上部に装着されるキャップの外面にキャラクターのデザインを施した「キャラ缶キャップ」を数量限定で採用。種類は多すぎず少なすぎず、「全種類集めたい、この数なら集められる」と思ってもらったことが、リピート買いやまとめ買いにつながりました。

Case Study 3　ターゲットや場所が限定的

　エリアや店舗数、ターゲットが限られているレストランやショップ、さらに個人が経営する飲食店や商店など、規模が小さい施設の場合は、パブリシティなどで不特定多数に認知を広めるよりも、来て欲しい層にダイレクトに情報を届けて来店を促し、リピートをしてもらうことが大切です。

　来店促進には、クーポンなどをつけたポスティングや折り込みチラシ、エリアを限定したFacebook広告などを活用し、近隣の方に直接情報を届けます。リピートしてもらうにはポイントカードも有効です。リピートするとプレゼントがもらえたり、サービスが受けられたりするポイントカードを発行することで、足を運んでくれる方が増えます。

Case Study 4　営業力アップに注力したい

　ブランドブックや商談パンフレット、動画、店頭POPなど営業がスムーズになるツールと、流通側が商品を販売するときに使いやすいツールを充実させることで、商談シーンを多方面からサポートします。

　きれいに陳列できたお店に海外旅行をプレゼントする「陳列キャンペーン」や、従業員限定アイテムや割引を提供する「インナーキャンペーン」など、流通向けの特別なキャンペーンを用意することも流通側のモチベーションアップになるため、営業効果が見込めます。

06 もっとアピールできる キャンペーンの作り方

THE MOST IMPORTANT BASICS OF PR

　商品の購買に始まり、参加するにはどのような条件があるのか、当選確率は高いか低いか、景品の魅力度はどうか、お客さまにはどのような効果があるかなど、それぞれのキャンペーンによって特徴は異なります。テーマに合わせてふさわしいものを選択するために、図表30の一覧を参考にしてみてください。

キャンペーン実施にあたっての鉄則

　キャンペーンの景品は、「企業やブランドメッセージを表現するもの」です。それだけに、選定はよくよく考えて行う必要があります。

　たとえば20〜30代の女性をターゲットとした「○○産の果汁にこだわったプレミアム缶チューハイ」をプロモーションする場合は、「産地へ行くラグジュアリー女子会プレゼント」など、商品のストーリーを伝えられるものなどが考えられます。景品そのものに魅力があるのは当然で、**機能性と希少性を両立すること**が魅力の高い景品のポイントになります。

　また、認知してもらってから購買にいたるまでのストーリーを考え、リアルイベントやSNSと連動するなどして、施策の効果を高めましょう。

図表30　それぞれのキャンペーンの特徴

	購買条件	参加障壁		当選確率		景品の魅力度	生活者への効果
オープン	なし	基本誰でも応募できる（インナーはNG）。クイズやアンケートに答えて、ハガキ・Webで応募	◎	購入条件がないので応募数が多く、当選確率は低い	×	認知拡大 ◎	ブランド・企業メッセージを伝える
クローズド	あり	応募シール・レシートなどの購入証明を貼付して郵送。もしくはWebサイトにシリアル番号を入れて応募のパターンあり	△	購入条件があるためオープンキャンペーンより当選確率が高い。抽選で決まるため人気キャンペーンになるほど当選確率は低くなる	◎	継続購入	景品の魅力で興味を引き、応募条件の設定で購入点数を増やす
マイレージ	あり	購買証明としてシールを貼付して郵送、もしくはWebサイトにてシリアル入力するパターンもあり。相当数のポイントを集める必要あり	△	必要数量購入することで必ず景品がもらえる	◎	継続購入	ロイヤルユーザーの囲い込みに効果あり
インスタントウィン	あり	店頭で商品を購入し、クジを引くことでその場で当落がわかる手法	◎	シールの償還率に合わせて当選確率の調整が可能	△	トライアル △	競合商品からのブランドスイッチ効果あり
オンパック	あり	購入することで必ず景品がもらえる	◎	店頭に景品つき商品がある限り、必ず景品がもらえる（なくなり次第終了）	◎	トライアル △	競合商品からのブランドスイッチ効果あり
ニアパック（まとめ売り）	あり	購入することで必ず景品がもらえる	○	購入することで必ず景品がもらえる。2個以上の購入条件設定が多い	◎	まとめ買い △	店頭でまとめ買いを促進させる効果あり。競合商品からのブランドスイッチ効果あり
ナショナル	あり	応募シール・レシートなどの購入証明を貼付して郵送。もしくはWebサイトにシリアル番号を入れて応募のパターンあり	○	購入条件があるためオープンキャンペーンより当選確率が高い。抽選で決まるため人気キャンペーンになるほど当選確率は低くなる	△	継続購入 ○	景品の魅力で興味を引き、応募条件の設定で購入点数を増やす
流通タイアップ	あり	一部の流通でしか行われないため、近くに店舗がない人は参加しづらい	○	限られた流通でしか実施していないため、当選確率は比較的高い	○	継続購入 ○	競合商品からのブランドスイッチ効果あり

キャンペーンの進行の例

STEP 1：企画

目的に合わせて企画を立案します。キャンペーンのやり方と景品の案をセットで考えます。

STEP 2：手法の検討

キャンペーンのやり方を目的や流通に合わせて設計します。「十分な告知ができるか」や「商品の単価や販売の環境にふさわしいか」なども検討します。

STEP 3：景品の交渉

景品の付加価値を高めるためにタイアップなどの交渉を進めます。景品の構造や品質についても製造元などと交渉します。

STEP 4：景品表示法の確認

景品の単価の上限などは、景品表示法（景表法）という法律で決められています。キャンペーンのやり方と景品を合わせて、消費者庁へ景表法の確認をする必要があります。

STEP 5：マニュアル作成

事務局を設けるなどして、マニュアルを作成します。適切なマニュアルがあることで、速やかにキャンペーンを行うことができます。

STEP 6：制作・公開

キャンペーンの概要や応募方法を記載したランディングページ、

広告やPOPなどを制作し、案内を開始します。

STEP 7：締切・クローズ

実施期間中は、マニュアルに合わせて問い合わせなどに対応します。締め切り日を過ぎたら応募数などの取りまとめを行います。

STEP 8：抽選・発送

抽選を行い、当選者への連絡や発送作業をします。

キャンペーン景品の選び方、送り方

景品を選定する手順は、キャンペーンのやり方をまず決めた上で、景表法を確認して、予算感について把握します。対象となる商品を購入してまでほしい景品であるかどうかがポイントで、良いキャンペーンほど景品の評価が高く、実際の景品単価よりも高い価値を感じるものとなっています。

キャンペーンの申し込みは、以前はハガキでの応募が一般的でしたが、最近は比較的安い価格で準備できるデジタルでの応募が主流になっています。たとえば、商品にQRやURL情報を掲載したキャンペーンシールを貼っておき、リンク先でシリアルコード入力やデジタル抽選などを行うという方法です。

景品の入手に関しても、郵送は送料がかかりますが、デジタルは送料や梱包・保管費などの費用がかからないというメリットがあります。

キャンペーン景品の種類

すでにある商品にブランド名などを入れる「名入れ」ものは、

価格も安く、納期も早く、少数でもオーダーできるのが特徴です。オリジナルグッズを作る場合は、景品のインパクトは大きくなりますが、一定量以上の数を作ることが求められます。乾燥食品・冷凍食品・旅行などもオリジナル景品として提供することが可能です。キャラクターを使用するなど人気コンテンツとタイアップするグッズは、数百万〜数千万円の予算がかかることもありますが、注目を集めやすいのは確かです。

　また、直接のブランディングにはつながらない可能性がありますが、高額商品はやはり景品としては魅力的です。現金・QUOカード・LINEポイント・Amazonポイントなども、ブランドストーリーはつけづらいものの、需要はとても高く、お客さまには喜ばれます。

いいキャンペーン景品とは

　景品の魅力は、新規性・季節性・オリジナリティ・使い勝手・デザイン性など、さまざまなバランスで決まります。

　たとえば、秋に実施した、とあるお茶のキャンペーンでは、秋の2大行事として約7割の方が「行楽」と「運動会」と回答した中で、「お弁当」に着目。人気アウトドアブランドランキングで1位を獲得しているブランドとコラボレーションし、かわいいお弁当箱として使える「スタッキングデリカップ」を開発することで、キャンペーンを盛り上げました。

景品表示法（景表法）の内容

　先ほども少し触れたように、「商品を購入すること」を条件とするキャンペーンでは、景表法で景品に限度額が定められていま

すので、覚えておきましょう。

① 景品が抽選で当たる場合

　対象商品が5000円未満については、景品は取引価額の20倍までです。たとえば、1500円の商品であれば、3万円までの景品を用意することができます。対象商品が5000円以上の場合は、最高額は10万円と決まっています。また景品類の総額は、懸賞にかかる売上予定総額の2％となっています。

② 景品が必ずもらえる場合

　対象商品が1000円未満の場合は景品類の最高額は200円まで、1000円以上の場合は0.2倍までです。たとえば、5000円の商品であれば、1000円までの景品を用意することができます。

　500mlのお茶にノベルティがついているようなケースがこれに当たります。

07 誰でも参加OKで広く発信できるオープンイベント

THE MOST IMPORTANT
BASICS OF PR

参加者を限定せず、広く一般向けに開催するものが「オープンイベント」です。事前にイベント開催について知らなくても、通りすがりなどに気軽に参加できることが特徴です。

　代表的なオープンイベントには、街頭イベント、新商品やブランドの世界観を伝えるためのポップアップストア、タイアップカフェや、サンプリングなどがあります。

主なオープンイベントの種類

街頭イベント

　認知を広めることや、商品について知ってもらうことを目的にして、ターミナル駅の近くのイベントスペースや、主要都市の繁華街などで商品をプロモーションする方法です。商品によっては実際にその場で使ってもらい、体験した人への特典としてサンプルやクーポン券をお渡しすることで、次回の販売へつながることも期待できます。街頭イベントはサンプリングと併せて実施されるケースが多くあります。

ポップアップイベント

　数日〜数週間という限られた期間だけ出店する「ポップアップ

156　　　第5章　「リアルプロモーション」の原理原則

ストア」を起点に行うイベントです。実際に体験することで商品をより深く知ってもらうことや、空間を通じてブランドの世界観を体感してもらうこと、体験者によるリアルな口コミが広がることなどから、最近ではニーズが高まっています。

出店期間は3〜14日程度が一般的で、写真や動画を撮って拡散したくなるような「SNS映え」を意識した企画作りがポイントになります。

街頭サンプリング

商品の良さや使い勝手を体感してもらうことで購買へつなげることを目的に、駅前のコンコースや、屋外の歩道、商店街などで、通行人に無料の試供品を直接手渡しする活動が街頭サンプリングです。街頭イベントや屋外広告と連動させることが多く、複数の箇所で一斉に実施したりなど、商品のターゲットに合わせて配布エリアやスケジュールを決めていきます。

ルートサンプリング

店舗や施設、会員など特定のルートを活用したサンプリングの方法です。性別や年齢など、セグメントされたターゲットに配布することができるため、認知を広めたり、商品を理解してもらったりするために、街頭サンプリングよりも効果がある場合もあります。

コミュニケーションしたいターゲット層が多い店舗・施設に協力してもらうことで、その後の購買にも有効です。試供品の数や内容に対して協力費が異なるため、予算に合わせてプランを設計します。

ポップアップイベントの参考事例

スキンケア商品ブランドが「世界へ旅行したような気分」を味わえる体験ポップアップイベントを開催。渋谷の街にタイの首都バンコクの世界観を作り出したことで通行者を惹きつけ、SNSでも話題になりました。人気を集めた理由は、会場1階のオープンスペースで、トゥクトゥクでバンコクの街並みを走っているかのような動画を撮影できる空間を作ったこと。多数の参加者が動画や写真を撮り、SNSへ投稿しました。

メイク体験コーナーはプロのメイクアップアーティストからメイクのポイントを教えてもらえる場とし、女性に好評の企画に。2日間の体験者は、撮影ゾーンが約1000名、メイク体験が約250名、自分で試してみた方が約650名で、SNSに投稿してくれた方は1000名弱でした。

もう一言！ イベントでは「安全」も重要

このような形態のイベントでは、多くの方に安全に参加してもらうために、ブース間の誘導方法などを事前にシミュレーションし、安全な運営計画を作ることもとても大切です。

主なツール「運営マニュアル」と「集客レポート」

オープンイベントを開催する際は、全体スケジュール、装飾物、準備するものの整理だけではなく、運営するにあたっての参加者の動きを想定したオペレーションフローを計画した運営マニュア

ルを作成します。

　また、終了後にはそれぞれのコンテンツの体験者数やSNS投稿者数をカウントして、日別に集客レポートをまとめます。当日の記録写真もレポートの中に入れることで、今後の振り返りにも活用しましょう。

オープンイベントの進行の例

　＜3カ月前＞
STEP 1：オリエンテーション

　オリエンテーションでは、商品特性・ターゲット・実施時期などを関係者に共有します。この段階では予算が明確でないこともあります。

STEP 2：会場選定

　会場の候補をピックアップします。会場は日程と併せて考え、空き状況も確認した上で検討しましょう。

　＜2カ月前＞
STEP 3：視察・会場決定

　候補会場が絞れたら、視察に行きます。関係者が一緒に見ることは、これから詳細を詰めていくにあたってのイメージの共有がしやすくなるのでおすすめです。

STEP 4：ノベルティ制作

　オープンイベントでは、商品のサンプリングや、オリジナルノベルティの制作が伴うこともよくあります。アイテムや数量によっては、制作期間が数カ月かかることもあるので、プランニン

グ段階からスケジュールを意識して制作することが重要です。

＜1.5カ月前＞
STEP 5：運営計画シミュレーション

期間中にどれだけの人数が来場するのか、人員配置は適切であるかなど、実施計画書をもとに、関係者で認識のすり合わせをしておきます。誰が、いつ、何をすればいいのか、役割分担やタスクを確認する目的もあります。

＜1カ月前＞
STEP 6：美術造作

プランニング初期の段階から考えていた造作を、いよいよ具体化していきます。内容にもよりますが、1カ月前には方向性を確定し、そこから詳細を詰めて2週間前に発注できれば理想的です。「建築業法」「消防法・火災予防条例」についても確認します。

STEP 7：トレーニング

オペレーションが複雑なポップアップイベントや、紹介する商品の説明をイベントスタッフが代行するような場合には、内覧会の前日までに実際の現場で、スタッフのトレーニング期間を用意して内容をレクチャーし、準備を整えます。

STEP 8：内覧会

オープンイベントでは、一般入場の前日や、当日の開場前の時間に、メディア向けの内覧会を行うケースが多くあります。内覧会では主催責任者によるイベント趣旨の説明があったり、オープニングイベントと位置づけてタレントの登壇を伴うPR発表会形

式としたりすることもあります。

タイアップカフェ

　ブランドとカフェがコラボレーションするのがタイアップカフェです。

　純粋にカフェが目的で来店した「自社ブランドを知らない生活者」にアプローチはしやすいですが、物販には直接つながらないことが多いため、売上を狙うのではなく、あくまで「プロモーション活動の一環」として捉えることが大切です。

サンプリング

　カフェに来た方にサンプリングを提供したり、店内の棚や机の一部などを使って商品を展示したりします。カフェの営業に影響はないため、低予算で手軽に実施ができるのがメリットです。配布するサンプルには、QRコードやURLを入れて、ECサイトへ誘導します。

コラボメニュー

　通常のカフェメニューに加えて、ブランドをイメージしたメニューやプロモーションしたい食品を使ったメニューを期間限定で提供をしてもらい、メニューを通してお客さまにブランドを体感してもらうこともできます。スペース利用費用とは別に、メニュー開発費用が必要となるほか、売上もカフェの収入となることが一般的です。

カスタム店舗

　通常のカフェ営業をすべてストップし、店内外の装飾もすべてブランド仕様に作り変えてしまうのがカスタム店舗です。コラボカフェ期間中の売上はブランド側の利益になる代わりに、期間に応じて指定の営業補償料をカフェ側に支払います。すべてをレンタルするので、費用はやや割高になります。

キッチンカー

　ケータリングカーやフードトラックなどとも呼ばれ、食品の調理を目的とした設備を備える車両がキッチンカーです。試食や試飲に特化したプロモーションに最適で、飲食店の営業許可を取得しているキッチンカーとタイアップすることで、飲食の販売もすることができます。

サンプリング

　すでに販売営業をしている人気のキッチンカーなどとタイアップをし、商品サンプリングを実施します。

　商品を購入したお客さまにサンプリングアイテムをお渡しするというフローのため、低予算で気軽に行うことができます。配布数やターゲットが予想しやすく、戦術を立てやすいのもメリットです。

イベント出店

　人気の音楽フェスやフードフェスへ出店するというプロモーションのやり方もあります。屋外で開催されるさまざまなイベン

トは、集客力があるコンテンツがたくさんあるため、通常の企業ブース出展とは一味違う、印象に残るコミュニケーションを行うことができます。

ラッピング

キッチンカーにオリジナルのラッピングデコレーションをすることで、看板や広告の役割を果たします。車そのものが広告塔となり、一目でブランドイメージを伝えられるため、会場までの移動中もメッセージを発信することができます。国産車・外国車・トラックなど、さまざまな車種からブランドイメージに合わせたものを選びます。

タイアップカフェの参考事例

2019年に大手調味料ブランドが、人気料理研究家監修によるレシピを味わえるカフェをオープン。この料理研究家がTwitter上で考案した8品のレシピを活かしたアレンジメニューを、期間限定で楽しむことができました。店舗空間はもともとウッドを基調としているデザインを活かしながら、ブランドカラーである緑を融合することで、ナチュラルで優しい印象に。人気料理研究家の起用による価値に加えて、SNSでの拡散を意識した彩り豊かなオリジナルメニューも開発しました。

期間中はお客さまがここだけで味わえる飲用酢のドリンクバーを置いて、特別な体験ができるコンテンツも盛り込みました。また、レシピをオーダーされた方はレジでくじを引くことができ、高い確率で商品が当たるプレゼントキャンペーンも運用するなど、注文数がアップするための取り組みも行いました。

主なツール「レシピ提案書」と「納品予定表」

　タイアップカフェやキッチンカーなど、飲食を提供するものは、基本の情報や伝えたいポイントを店舗に伝えてメニューを開発してもらいます。このメニューが記載されたものが「レシピ提案書」です。

　方向性が整ったら試食会を行い、今回のブランディングにふさわしい味へと調整して完成させていきます。

　調理のために必要な商品を提供することも必要ですが、事前に集客数やオーダー数を予測して、「納品予定表」を作成し、商品の発注や管理を行います。

　期間中も日々、情報を管理することで、毎日必ずメニューが提供できる環境を整えます。

タイアップカフェの進行の例

　＜4カ月前＞

　STEP 1：オリエンテーション

　オリエンテーションでは、商品特性・ターゲット・実施時期などを共有します。タイアップカフェについては、実施期間で金額が大きく変わりますが、2〜4週間が理想的です。

　STEP 2：会場選定

　どんな客層が訪れる店舗か、1日にどれくらい集客があるのか、夜や週末の来客はどれくらいかなど、カフェ企画ならではの観点を判断の材料として、タイアップする店舗を検討します。

<＜3カ月前＞

STEP 3：視察・店舗決定

　候補会場が絞れたら視察に行きます。オープンイベントと同様、関係者が一緒に見ることは、これから詳細を詰めていくにあたってのイメージの共有がしやすくなるのでおすすめです。

＜2.5カ月前＞

STEP 4：空間装飾

　タイアップカフェでは、「商品やブランドの世界観を空間としてどのように表現できるか」は、PRの観点でもとても大きな要素になるため、イメージを共有するためにパース（室内や外観の立体図）を描いてもらうことが多くあります。使用する店舗の装飾ルールを事前に確認しておくことも必要です。

＜2カ月前＞

STEP 5：メニュー開発

　タイアップカフェ企画では、紹介する商品が食品であることが多いので、カフェには「商品の特性」や「ターゲット」をしっかりと伝えてメニューを開発してもらいます。味はもちろん、彩りや華やかさなどの見た目も大切なポイントです。

STEP 6：キャンペーン企画

　カフェ企画では、来店者だけがオリジナルメニューを体験できるため、来店できない方への拡散を狙って、SNSキャンペーンを併用することも多々あります。キャンペーンの参加を促すために、「投稿してくれたらデザートをプレゼント！」など、その場でのメリットを伝えます。

<1カ月前>
STEP 7：運営計画

イベントスタッフではなく、タイアップする店舗のスタッフにオペレーションを依頼することになるため、必ず伝えてほしいことやキャンペーンのルールなど、シンプルでわかりやすいマニュアルを作成してお渡しします。

STEP 8：内覧会

タイアップカフェでは、一般入場の前日や、当日の開場前の時間に、メディア向けの内覧会を行うケースもあります。内覧会では、主催責任者によるイベント趣旨の説明があったり、オープニングイベントと位置づけて、タレントの登壇を伴うPR発表会形式としたりする場合もあります。

OOH（Out Of Home）メディア

OOHは「Out Of Home」の略で、電車の中吊り広告や駅構内などの交通広告、街頭ビジョン、デジタルサイネージ、ラッピングカー、看板など「家以外の場所」で触れる広告メディアの総称です。特徴は「訴求力が高く、継続して認知されること」で、企業やブランドの強いイメージづけに適しています。

予算は100万円単位から1億円に上るものまでと多岐にわたりますが、デジタル施策と連動して行い、メッセージを伝えることで波及力がアップし、効果が高まります。ターゲットの住んでいる場所・行動範囲などにより詳細な設定も可能です。

OOHの参考事例

　アメリカのファストフード店が、夜間営業をスタートすることを知らせるために、電球でロゴマークを描いた広告看板を設置。夜しか見られない演出のため、夜間営業を伝えるのに適したクリエイティブとして注目されました。

　また、韓国の小売業が、地域でNo.1である競合スーパーマーケットに対する施策として、来店ではなく「宅配サービスの利用」を促すプロモーションを展開した例もあります。地下鉄に設置したリアルショップとまったく同じディスプレイの交通広告は、QRコードを読み取ることでそのまま購入＆宅配サービスが可能に。リアルとデジタルを融合した画期的なOOH施策で、売上130％増を達成しました。

　成功した原因は、購入がラクだというユーザーメリットが大きいこと、プロモーションから購買までが直結していること、競合のウィークポイントを強化することで差別化を図ったことなどが考えられます。

知らないとマズい、リアルプロモーションに関する法律と申請

楽しくて効果のあるプロモーションを行うためには、企画や制作、運営などはもとより、各種法律に基づいた必要な手続きをクリアすることが欠かせません。基本的な知識を覚えておくと、準備するべきものや確認するべき点がわかるようになるので、広報・PR担当者は日頃からチェックしておきましょう。

リアルプロモーションに関する主な法律

道路交通法（道路使用許可申請）

　駅前での街頭サンプリングや、公道での撮影など、イベントスペース以外でプロモーション活動を行う際には、必ず警察署に道路使用許可申請が必要です。また、申請さえすればどこでも使えるということではなく、地区ごとに使用できるエリアが決められています。実施する場所によって申請の基準も異なるため、管轄する警察署へ確認をした上で申請をします。申請から承認までは約2週間かかるので、余裕を持って準備してください。

　必要な書類は、申請書（管轄警察署のWebサイトを参照）、実施場所を記した地図、イベント概要資料、配布物のイメージ、印紙です。印紙の金額は都道府県により異なります。

　また申請時には、使用できるエリアを確認します。エリアに

よっては歩行者の安全を確保するなどの観点から人数が制限されることもあるので、人員計画についても伝えましょう。「チラシのみ配布してよい」など配布物のルールもエリアによって異なるので、正確に把握します。

建築業法

イベントで一時的にスペースを作る場合は、法律上は「広告物」とみなされます。その際、作ったものの高さが4mを超える場合は「新しい建物が建つ」と捉えられるため、建築基準法に基づく工作物確認を受けなければなりません。承認を得るには2カ月以上かかることもあるので、大きな造作でも、なるべく高さを4m以内にして設計することをおすすめします。

消防法／火災予防条例

火災予防の観点から、調理を伴う飲食を提供するようなイベントに関係する法律・条例です。実際に火器を使用するイベントだけではなく、照明機材など「発火の恐れがあるもの」を使う際にも確認が必要になります。商業施設などの屋内イベントで発火の恐れがある電気設備がある場合には、屋根に風通しのいい素材を使うことや、避難導線の計画までが求められます。

企画を詰める段階で、法律・条例に抵触することがないか注意しながら考えることが大切です。

保健所届出／食品衛生法／営業許可申請

ポップアップカフェなど、屋外イベントで飲食を販売したり、提供したりする場合には、期間限定でも保健所へ事前に届け出る必要があります。保健所では「加熱調理食品であるか」「前日調理

が発生するか」「容器の衛生管理状態」など食品自体に食中毒の懸念がないかという観点と、「出店場所の環境」「調理スタッフの衛生管理方法」「排水設備」「廃棄物処理」など施設の衛生が確保されているかという観点からチェックが入ります。管轄の保健所によってルールが異なるため、確認してから申請手続きを進めましょう。

　飲食店とタイアップする場合は、飲食店がすでに承認を得ているので、基本的には保健所への連絡は必要ありません。また、キッチンカーの場合は、車両ごとに営業が可能な自治体の登録が決まっています。キャラバンなどで複数の都道府県に行くようなプロモーションでは、自治体ごとに営業許可申請を追加しなければならない場合もあり、制作スケジュールに注意が必要です。

屋外広告物条例

　告知のための看板やスポンサー広告など、屋外に広告物を設置する場合は、屋外広告物条例に基づいた申請手続きを行い、知事などの許可が必要な場合があります。たとえば、アドトラックを走らせるときの音量などもこの条例に合わせて考えなければなりません。景観行政団体である市町村および「歴史まちづくり法」に基づく認定市町村も、都道府県と協議の上で屋外広告物条例を定め、必要な規制を行うことができるので、自治体ごとに定めている基準を確認し、広告物の制作を進めることが大切です。

　各自治体が定める基準は主に、広告全体の面積・高さに関すること、突出看板の出幅について、地色の規定、蛍光色の使用の有無、点滅する光源の使用の有無、広告で使用するスピーカー音量などです。

第 6 章

「デジタル
マーケティング」
の原理原則

01

**THE MOST IMPORTANT
BASICS OF PR**

デジタルマーケティングって
具体的にどんなことをするの？

ス　ピードや拡散性、顧客とのエンゲージメント（つながり）の
　　　強化に適しているデジタルマーケティングは、「コンピュー
ターやインターネットメディア上に存在する幅広い情報を使った
マーケティング」のことを指します。Webサイト、ECサイト、SNS
はもちろん、写真や動画なども、デジタルメディアに存在すれば、
デジタルの領域と位置づけられます。

　速いスピードで進化するテクノロジーによって、新たな手法や
プラットフォームが続々と登場するいま、もはやデジタル領域を
無視してマーケティング施策について考えることはできなくなっ
ています。この章では、主にオンライン上で展開するコンテンツ
の制作やプロモーションにおけるポイントについて、具体的に解
説していきます。

2つのデジタル施策と分析

　デジタルコミュニケーション施策は、主に「話題化」と「コ
ミュニティ醸成」の2つに分けられます。
　「話題化」とはオンライン・オフラインを問わず、オンライン上
で話題になりそうな種を見つけ、企業によって作られたコンテン

ツではなく、ユーザーが制作するコンテンツであるUGC（User Generated Content）を誘発していくような施策のことで、個人のSNSの投稿、写真、ブログなどがここに含まれます。

「コミュニティ醸成」は、オウンドメディアとしてSNSをターゲットに合わせたコミュニケーションおよび運用を行うことで、商品・ブランドのファンコミュニティを作り、継続的なエンゲージメントの強化や、商品の購買を促すことを指します。

デジタルコミュニケーションの特徴は、ほかのコミュニケーション手段と違い、**ユーザーと双方向にコミュニケーションを取りながら、正確なデータを回収し、分析ができること**です。

たとえば、デジタルのコミュニケーションは、「どれだけの人にリーチしたのか」や、「何回のクリックがあったのか」はもちろん、「アクセスした人の属性」までも知ることができます。そのため、それらのデータを使って分析を行うことで、より正確なPDCAサイクル（継続的な改善のためのPlan〔計画〕・Do〔実行〕・Check〔評価〕・Action〔改善〕のサイクル）を回すことが可能になります。

主なデジタルマーケティングの内容

SNSとインターネット広告を2軸にして、ほかにもさまざまな制作物があります。

SNS

SNSはソーシャル・ネットワーキング・サービスの略で、ユーザー同士がオンライン上でコミュニケーションを取るサービスの

ことを指します。

インターネット広告

　文字通りインターネットというメディア上に掲載する広告を指して使われる言葉です。形状や配信方法、課金方法などが異なるさまざまな種類があります。

そのほかの制作物

　ランディングページの制作からPR・広告動画のキャスティングやディレクションなど、幅広くオンライン上に対する制作物があります。

02 SNSとインフルエンサーを徹底活用する

SNSをマーケティングやプロモーションで活用する場合はそれぞれの特徴を理解して選ぶようにしましょう。

主なSNSの特徴

ここでは主なSNSの特徴を解説します〈次ページ図表31〉。

実名ベースの世界最大規模のSNS「Facebook」

月間アクティブ利用者数は、世界規模28億人（2020年）、国内規模2600万人（2019年）で、家族や友人、仕事関係の知人など、ある程度の面識のある人とつながっている場合が多いのが特徴です。

投稿される内容は、テキスト、リンクシェア、画像、動画などで、投稿者との関係性や反応数などから自分のタイムラインに表示される内容が自動的に調整されます。ビジネスシーンで活用する場合には、ターゲティングを綿密にしたり、豊富なインサイト（生活者自身も気づいていない潜在ニーズを刺激して「ほしい」と思わせる核心となる要素・興味関心）を取ったり、適切なユーザーに適切な情報を配信したりすることができます。

図表31　国内外の主なSNSとその特徴

SNSはソーシャル・ネットワーキング・サービスの略で、
ユーザー同士がオンライン上でコミュニケーションを取る
サービスのことを指します。マーケティングで活用する場合は
それぞれの特徴を理解して選ぶようにしましょう。

	LINE	Twitter	Instagram	Facebook	TikTok	Pinterest
規模 （国内月間アクティブユーザー数）	8,100万人	4,500万人	3,300万人	2,600万人	950万人	400万人
主なユーザー層	全世代が利用幅広い	20代を中心に幅広い世代が利用	20代を中心に若年層がメイン	30代から50代が中心	10代と20代がメイン	20代と30代が多い
投稿内容	◎メッセージ ◎タイムライン	◎テキスト ◎ハッシュタグ ◎リンク ◎画像・動画	◎写真 ◎動画 ◎ハッシュタグ	◎写真・動画 ◎テキスト ◎リンク	◎動画・音楽メイン（15秒） ◎ハッシュタグ	◎写真 ◎画像メイン
拡散性	△ タイムラインでのシェアが可能	◎ 瞬発的に拡散される	△ コアユーザーと深くつながるのに適する	○ タイムリーな話題や役立つ情報はシェアされやすい	○ 他のSNSでのシェアが可能	○ 拡散力×画像の収集に適している
情報量	◎ メッセージ・タイムラインともに1万文字が上限	○ 140文字以内のテキストおよび画像・動画など	△ ◎投稿内にURLリンク不可 ◎画像・動画メイン	◎ テキスト（制限なし）および画像・動画など	△ 動画・音楽メインで文字数は少なめ	△ 画像のアイデア・デザインは豊富
その他	トークや通話などモバイル中心	◎匿名性の色が強い ◎情報の速報性が高い	原則スマホ専用	ユーザー数、企業利用ともに世界最大級	◎音楽性 ◎豊富な動画編集機能	コレクション性が高い

インフルエンサー文化を牽引しているSNS「Instagram」

　月間アクティブ利用者数は、世界規模12億2100万人（2021年）、国内規模3300万人（2019年）で、ほかのSNSと比べて「ハッシュタグ」が重要であるということがInstagramの特徴です。

　ハッシュタグとは、投稿にハッシュマーク「#」を添えてキーワードを入力しておくことでそれが目印となり、他のユーザーから見つけられやすくなる仕組みのことです。これを複数つけておくことで、ユーザーが行うさまざまな検索結果に表示される確率が上がり、購買意欲の向上に貢献します。後述しますがショッピング機能もあるため、そのまま購買行動につながるからです。なお日本ではハッシュタグ検索が世界平均の3倍で積極的に活用されているといわれ、近年は若い世代の女性だけではなく、さまざまな世代の男女に広がりを見せています。

> ### もう一言！　広告のない動画も配信可能に
> 動画共有機能のひとつである「IGTV」では、スマホ全画面表示の動画を最大60分まで共有できるため、「インスタライブ」を行うなど、広告をカットしたダイナミックな動画配信もできるようになりました。

マーケットに誘導するインフルエンサー

　Instagramは2018年からショッピング機能がつけられ、「ほしいものや買いたいものが見つかるSNS」としての利用が増えました。これによって、Instagram上での購買はより盛んになってい

ます。その流れの中で、ユーザーの購買欲向上に一役買っているのが「インフルエンサー」です。インフルエンサーの発信は潜在層にリーチしやすく、グーグル上での指名検索が増えます。

　インフルエンサーはフォロワーの数で役割が分かれており、目的に応じて協力してもらうインフルエンサーを選択する必要があります〈図表32〉。

図表32　インフルエンサーマーケティングのトレンド

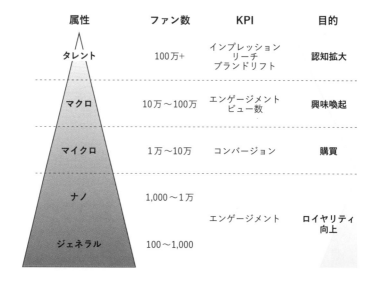

属性	ファン数	KPI	目的
タレント	100万+	インプレッション リーチ ブランドリフト	認知拡大
マクロ	10万〜100万	エンゲージメント ビュー数	興味喚起
マイクロ	1万〜10万	コンバージョン	購買
ナノ	1,000〜1万	エンゲージメント	ロイヤリティ向上
ジェネラル	100〜1,000		

匿名ベースの世界最大規模のSNS「Twitter」

　月間アクティブ利用者数は国内最大規模で4500万人（2019年）です。実生活では知らない人ともつながりやすく、「○○線で人身事故」「××で通信障害」などリアルタイムの情報が素早く拡散されやすいのも特徴です。140文字の制限がありますが、トレン

ドのページも追加され、旬な情報をいち早く獲得したいビジネスパーソンも活用しています。年代が上がるほど男性の比率が増えていきます。

SNS運営に必要な初めの設定

デジタルマーケティングの一環としてSNSを活用する場合は、ただアカウントを取得するだけではなく、目的や読んでほしい人、内容、運用やスケジュールなどを設計する必要があります〈次ページ図表33〉。

SNSの一般的な運用フロー

STEP 1：運営カレンダー作成

どのようなスケジュール感で投稿していくのか計画を立てる

STEP 2：クリエイティブ制作

画像など投稿するクリエイティブを制作する

STEP 3：ライティング

投稿する文章を考える

STEP 4：ハッシュタグ選定

拡散に効果的なハッシュタグを選定する

STEP 5：確認

部署内などでクリエイティブ・投稿文のチェックをする

図表33　SNS運営に必要なもの（初期設定）

要素	ポイント
① 運用目的について	KPI（Key Performance Indicator＝重要業績指標）／ターゲット／活動領域（どのSNSなのか）／活動期間を策定
② ペルソナの策定	年齢／ジェンダー／住居地／職業交友関係／休日の行動など細かく設定
③ コンテンツ設計	公式アカウントとして発信するコンテンツのカテゴリや投稿頻度、投稿形式などを設計
④ トーン＆マナーの策定	SNSはそのアカウントの人格の設定がとても大切。使用するプラットフォームやターゲットに合わせて一人称や二人称、口調などを予めルール化しておく
⑤ 運用フロー	クリエイティブ制作の確認、投稿文言、ハッシュタグの確認をどのようにするか策定
⑥ スケジューリング設定	◎撮影日・投稿日の設定 ◎月次ミーティング・効果測定の締め日の設定

④ トーン＆マナーの策定 内の表：

プラットフォーム	1人称	2人称	口調	記号・絵文字	英数字
Instagram	私、私たち	(@メンション)様（固有名詞）さん	ですます調	1センテンスにつき1つを目安にする	すべて半角で統一

STEP 6：投稿予約／投稿

投稿の予約を行い、投稿がされるのを待つ

STEP 7：広告出稿

投稿を最大限にリーチさせるために、必要なときはSNS広告の配信を行う

STEP 8：分析レポーティング

報告書を作成して、投稿コンテンツの反応などを分析し次回に活かす

話題化施策

代表的な施策として「インフルエンサーマーケティング」「SNSキャンペーン」「ソーシャルモニタリング」という手法があります。「インフルエンサーマーケティング」とは、SNS上において特定のコミュニティやターゲット対して影響力を持つインフルエンサーを活用した手法のこと。Instagram上で人気の女性インフルエンサーが、「#PR」とコメントにつけて商品と一緒に自撮り画像を上げている投稿などが代表的な例です。

「SNSキャンペーン」は、どのSNSでも行うことはできますが、特にフォローとリツイートをすることで気軽にキャンペーンに参加できるTwitterは、情報が速く広く拡散するため、新規のフォロワー獲得につながりやすく、おすすめです。

また、分析ツールを使うことで、ハッシュタグ分析、オンライン上のムード分析をすることでもきます。企業や商品に対するリアルなレビューを見ることは、とても参考になります。

インフルエンサーマーケティング

SNSで強い影響力を持つインフルエンサーにPRとして商品やサービスを紹介してもらい、多くの生活者へ認知させ、購買行動に影響を与えていくインフルエンサーマーケティングは、いまやプロモーション活動に欠かせないものになりました。

インフルエンサーマーケティングでは、従来型のマスプロモーションやバナー、動画広告などではリーチが届かなかった人たちに対して、リーチを獲得することができることが最大のメリットです。インフルエンサーのファンに訴求するため的確なターゲティングができることや、SNSを通してさらに拡散が期待できること、データを取得して分析がしやすいのもポイントです。

図表34　従来のマーケティングとの違い

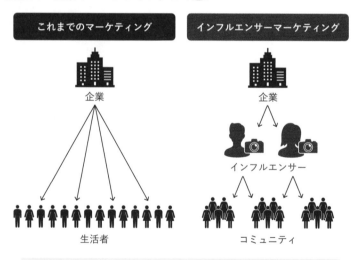

インフルエンサーマーケティングの進行

インフルエンサーは人を使ったプロモーションなので、きめ細かな進行管理をしていくことがとても大切です。

インフルエンサー施策で必ず通る次の6つのステップを参考にしてみてください。

STEP 1：目的の設定

ブランドや商品に対する認知度を瞬間的かつ垂直的に上げるための短期的な施策か、ブランドや商品に対するファン作りのための長期的な施策かを検討し、企画を作りましょう。インフルエンサー施策のゴールをしっかりと確認します。

STEP 2：投稿指示書の作成

ブランドや商品のストーリーを理解してもらえるよう、丁寧にブランドのセールスポイントなどを盛り込んだ資料を作成します。また、投稿する期間、必須ワード、必須ハッシュタグ、写真で必ず撮影したいカットの指定などもすべて網羅します。

STEP 3：キャスティング

キャスティングの人数やリーチする人数（フォロワー合計数）、ブランドとインフルエンサーの世界観がマッチしているかどうか、予算などを確認します。

STEP 4：クリエイティブ

インフルエンサーの世界観を崩さないように、投稿する写真については、ある程度の裁量を持たせて依頼します。キャプション

も必須ワード以外はお任せします。ブランドアピール、キャンペーン、集客など目的を達成するために効果的なハッシュタグを考えましょう。宣伝であることを気づかれないように行う「ステルスマーケティング」と誤解されないためには、はっきりと#PRや#promotionなどのタグをつけるのが必須です。ブランドのアカウントのフォロワー数を増やしたり、アカウントが発信する投稿を見てもらったりするためには、ブランドのアカウントをタグづけしてもらいましょう。

STEP 5：アクセス解析

　どれだけの人にリーチしたのかを、インフルエンサーやインフルエンサーマーケティングのプラットフォームを利用して確認します。

STEP 6：進行管理

「インフルエンサーに依頼して投稿してもらう」というスタンスが基本です。その上でトラブルを防ぐために、投稿指示書を共有し、事前の投稿チェックを怠らないようにしましょう。

インフルエンサーマーケティングの実施プラン

　目的に応じて、適切なSNSやかかる費用も異なります。その都度、ふさわしいものを見極めて実施プランを決めていきます〈図表35〉。

　インフルエンサーマーケティングの基本となるものが、「イベント参加プラン」です。主なフローを図表36にまとめました。PRイベントや商品発表会、試食会、ポップアップストアなど、各地で実施されるイベントにインフルエンサーを誘致して、イベントの内容や実際に試してみた感想などを、それぞれのインフル

図表35　目的と実施する内容

目的に応じて、対応するSNSと費用が異なります。
自社が実現したいことを見極めてやり方を決めましょう！

目的　＼　実施内容	施策概要	対応SNS
① サンプリング	商品をインフルエンサーに配布し、使用した感想をSNSに投稿	Twitter Instagram Youtube
② イベント誘致	インフルエンサーにイベントに参加してもらい、体験をSNSに投稿	
③ キャンペーン拡散	インフルエンサーにWebキャンペーンに参加してもらう（＝投稿・RTなど）	
④ CPC課金 CPA課金 ※	インフルエンサーの投稿からリンク先へ誘導	Twitter

※ CPC課金＝クリック課金型、CPA課金＝成果報酬課金型の広告メニュー

図表36　実施にあたってのフロー

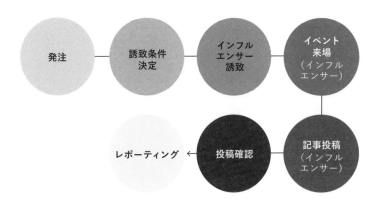

エンサーがオリジナルの記事としてSNSなどに投稿します。実体験を通じたリアリティのある記事を読むことで、ターゲットの興味や関心を引くことができます。

　商品名を入れてもらう、URLをシェアしてもらう、ハッシュタグをつけてもらうなどの依頼もしましょう。発信のタイミングも、短期間で集中したほうがよいか、数回に分けたほうがよいか考えて協力してもらいます。

03 「インターネット広告」には どんなものがあるか

THE MOST IMPORTANT
BASICS OF PR

2019年には、インターネット広告費が2兆円となり、テレビの広告費を抜きました。また、2020年では、4マス媒体の合計とインターネット媒体のメディア別の構成比がほとんど同じという結果になりました。

　インターネット広告は、ターゲットの設定を細かく正確に行えることや、スピーディな情報発信ができること、広告の効果を数字で追いやすくコスト管理がしやすいことなどの理由から、さらに成長を続けています。

　基本的なインターネット広告には、「純広告／ネイティブ広告」「リスティング広告」「ディスプレイ広告」「アドネットワーク広告」「SNS広告」「YouTube広告」「アフィリエイト広告」などがあり、それぞれ特徴が異なります。

主なインターネット広告の種類と使い方

純広告とネイティブ広告

「純広告」は特定のWebメディアの広告枠を買い取り、直接サイトに出稿する広告のこと。いわゆるネット広告全般を指し、広告枠を買い取っている期間中は、必ず広告が掲載されます。

また、後述のアドネットワークなどを経由せずに掲載することもあり、大手ニュースメディアやポータルサイトでよく使われる手法のひとつ。たとえば、トップページにあるバナー広告は純広告であることが多いですが、一見するとアドネットワーク経由のものか、純広告なのかはわかりません。

「ネイティブ広告」は純広告の一種で、コンテンツと広告を自然に融合させた記事のように見える広告です。

　インターネット広告に関するユーザーのストレスを減らし、自然な形でコンバージョンにつなげられること、伝えられる情報が多いため広告を読んだユーザーの宣伝コンテンツへの理解度が深まることがメリットです。大手ニュースメディアやニュースアプリなどで利用されることが多いですが、記事に紛れているので、必ずその広告には「AD」や「プロモーション記事」など広告である旨が記載されています。

リスティング広告

　GoogleやYahoo!で検索した際に表示される、検索連動型の広告がリスティング広告です。ユーザーが打ち込む検索キーワードを指定して広告を出稿するため、興味を持ってもらいやすく、直接サイトを訪問してもらえる可能性が高いのがメリットです。

　広告料はユーザーがクリックすることで発生します。検索の結果の画面に広告を出すことができますが、すべてテキストのみで成り立っているため、興味を引く文章がとても大切です。

　またキーワードの選定だけではなく、検索行動をしている人の性別・年齢・居住地域・職業・家族構成などのセグメントを掛け合わせ、よりサービスに関心のあるターゲットに対して広告を表示することもできます。

ディスプレイ広告

　提携するWebサイトの広告枠に表示されるものをディスプレイ広告と呼び、YouTubeやアメブロ、ブログページの広告枠などGoogleの関連サイトに広告を配信できるGDN（グーグルディスプレイネットワーク）と、Yahoo!ニュースやメールなどYahoo!関連サービスに配信されることが多いYDN（Yahoo!ディスプレイアドネットワーク）という大きく2つのネットワークサービスがあります。

　検索連動型の広告とは異なり、テキストだけでなく画像も掲載できるため、より視覚的に伝えることができます。またディスプレイ広告は「バナー広告」とも呼ばれます。

　ターゲットを絞り込み、狙ったユーザー層に対して広告を表示できるので、まだニーズが固まっていない潜在層向け。GDNもYDNもいずれも超大手の広告メディア配信企業で提携Webサイトの広告枠に表示されます。

　提携Webサイトはそれぞれのネットワークと契約している企業やメディアに掲載されています。

もう一言！　見え方はバナー広告と同じ

ディスプレイ広告は、見え方としては、いわゆるバナー広告なので、どこを経由して配信されているかどうかは、一般の生活者としては気になることはほとんどありません。

アドネットワーク広告

　Webやアプリなど広告の配信ができるメディアへ個別に出稿して配信するのではなく、アドネットワーク事業者のサーバーへ広告を入稿すると、そこから一括して広告を配信してくれるスタイルです〈図表37〉。

　ディスプレイ広告と同様に、テキストだけでなく画像も掲載できるため、より視覚的に伝えることができます。

　ターゲット別など、それぞれのアドネットワークに特色があるため、訴求したい内容やサービスにふさわしいアドネットワークを見極めることが大切です。たとえば、若い女性向けのアドネットワークであれば、女性雑誌系のWeb媒体などと提携して広告を配信しています。

図表37　アドネットワーク広告の仕組み

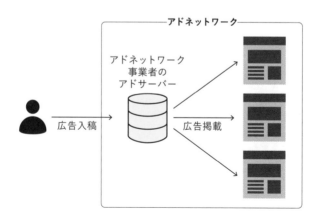

アドネットワークを提供している企業が
ターゲット別など特徴別にサービスを提供している

SNS広告

SNSのプラットフォームを利用して配信する運用型の広告です。ユーザーは何気なくSNSを利用して広告を見ているので、潜在層へのアプローチに適しています。またSNSには自分のプロフィール情報を登録しているため、ターゲティングの精度が高いのが特徴です。それぞれ簡単に特徴をまとめておきます。

Facebook広告

精度の高いターゲティングができます。検索連動型の広告に比べると、趣味などの細かいセグメントが使えます。投稿記事の間に出てくる「フィード広告」や、サイトの横に出てくるバナー上の広告のことです。

Instagram広告

精度の高いターゲティングができます。後述する「ストーリーズ」の枠に配信される「ストーリーズ広告」と「フィード広告」に分けることができます。

Twitter広告

2次拡散が期待できます。リスティング広告と同じくオークション形式の課金システムになっています。ツイートの間に出てくる広告がほとんどです。

LINE広告

タイムライン、LINE NEWSなどのLINEが持つサービスを中心に広告が配信されます。日本人の半数が利用しているSNSであ

り、デジタルリテラシーが低い層に対してもアプローチできるのが特徴です。年齢・性別・地域・興味関心などで細かいターゲティングも可能です。

YouTube広告

YouTubeの再生の前後や途中に表示される広告です。ユーザーが広告動画を視聴した場合や、動画内の要素に操作を加えた場合にのみ課金が発生します。ブランド認知に適した広告ですが、獲得を重視したターゲティングもできるため、さまざまな目的に活用できます。

TrueViewインストリーム広告

5秒後にスキップができる動画広告です。目に留まりやすく確実に視聴してもらえます。

TrueViewディスカバリー広告

トップ画面や関連動画の欄に表示します。サムネイルをクリックし、動画広告が視聴された場合のみ費用が発生します。

バンパー広告

スキップができない6秒以下の短い動画広告です。多くのユーザーへリーチし、認知度の向上を図ることができます。

アウトストリーム広告

YouTube外部のモバイル専用の広告です。音声なしで動画の再生が始まり、さまざまな場所に掲載されます。

アフィリエイト広告

　アフィリエイトの事業者とサイトの運営者が契約をし、サイト上で商品の紹介やレコメンドを行い、購入リンクを共有します。サイトを見た人がそのリンクから申し込みや購入をした場合、成果報酬として利益の一部を支払うのがアフィリエイト広告です〈図表38〉。

　コンバージョン（閲覧した人が申し込みや購入をすること）を達成した場合にのみ費用が発生するという仕組みのため、**費用対効果が安定しています**。また、アフィリエイターと広告主をつなげるASP（Affiliate Service Provider）というものがあり、利用するには費用がかかるものの、定額であるためリスクが低いというメリットもあります。

図表38　アフィリエイト広告の仕組み

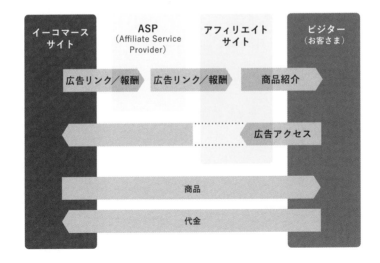

アフィリエイト広告はアフィリエイトサイトによって出稿した広告が選ばれないと掲載されません。また掲載がされたとしても、成果が発生しない可能性ももちろんあります。

インターネット広告出稿のスケジュール

　<3カ月前>
STEP 1：広告プランニング
　広告出稿のターゲティングや予算設定などの与件を整理し、クリエイティブ制作から広告出稿までのスケジュールを調整します。

STEP 2：クリエイティブ制作
　広告で使うクリエイティブを制作します。社内で制作できないものは外注をして進行します。

　<2カ月前>
STEP 3：社内確認
　制作したクリエイティブを社内で確認し、過不足がないか洗い出しをします。

STEP 4：クリエイティブ修正
　クリエイティブの修正を行います。

　<1.5カ月前>
STEP 5：広告出稿
　ターゲティングなど詳細を設定し、予約を行います。審査が通り予約日になると広告が出稿されます。

<＜1カ月前＞

STEP 6：効果検証

　出稿した広告がどのくらいの人にリーチし、コンバージョンされたのかなど、効果を検証するための情報を集めます。必要であればターゲティングなどの詳細を変更することもできます。

STEP 7：報告書作成

　検証してわかったことを報告書にまとめ、分析を行います。今後はどのような動きが必要なのかも記載しましょう。

STEP 8：分析レポーティング

　作成した報告書をもとに、広告出稿に関しての分析レポーティングを関係者内で共有します。

04

**THE MOST IMPORTANT
BASICS OF PR**

その他の制作物①
いまや必須の「動画制作」

デ　ジタルコミュニケーション領域には、動画制作やWeb制作
　　も含まれます。社内で制作ができない場合も、それぞれの制
作物の役割を理解し、どういったディレクションをすることで効
果が出るのかを考えることで、PRの視点を広げることができます。

　主な動画には、企業の公式SNS用の動画、Web広告用の動画、
商品やサービスを紹介する動画があります。また、サイトは一見
同じように見えても、広告やキャンペーンを扱うランディング
ページ、コーポレートサイト、ブランドサイト、ECサイトなど、
目的に応じた種類があります。この項では動画制作について、次
項ではサイト制作について、それぞれ解説していきます。

主なPR動画の種類

　デジタルコミュニケーションにおいて、動画は必須の時代。ブ
ランドの世界観の表現や商品のベネフィットの理解を、6〜120
秒程度で伝えることが一般的です。自社で作る手軽なものから、
制作会社に発注するクオリティの高いものまで、いつ、誰に、ど
んなシチュエーションで、何をしてもらうための動画なのかを考
えてプランニングしましょう。

　たとえばSNS用の動画は、移動中などに見られることを想定す

る必要があり、単純なテレビCMの焼き直しでは飛ばされてしまいます。YouTube用の動画はリンクをクリックしたくなる内容であることが求められます。主な種類は、①企業のSNS用動画、②Webの広告用動画、③サービスの紹介動画の3つです。

① 企業のSNS用動画

各種SNSのフィードやストーリーズ、SNS広告に掲載される動画の主な目的は、コンテンツを充実させ、ユーザーの理解を促すことです。制作会社が作ることが多いですが、SNS運営者が自ら作る場合もあります。長さは6〜15秒が効果的で、長くても60秒以内に収めるのがよいと言われています。

もう一言！　最近は縦型の動画も

Instagramのストーリーズや、Instagram上で短い尺の動画を作成したり発見できたりする「リール」は、フォーマットが縦型のため、それ専用の撮影や編集を行う必要があります。

---

② Webの広告用動画

CMをWebサイト用またはSNS用に編集した、テレビなどマスメディアではできない自由度の高い動画です。短いものでは1分、長いものでは60分にわたるものを制作会社に依頼します。CMメイキング動画やショートドラマなどが作られることが多く、スマートフォンで見られる場合が多いため、ミュートで再生されることを見越して字幕を入れるケースも多くみられます。

③ サービスの紹介動画

自社のWebサイトなどに活用できる1〜5分程度の説明動画。企業の情報や商品・サービスを紹介する資料を動画に置き換えるイメージです。特にインフォグラフィックや写真を使用することが多く、新たに撮影することがない限りは、比較的低コストで制作してもらうことができます。

動画制作の進行モデル

＜4カ月前＞
STEP 1：オリエンテーション

オリエンテーションでは、商品特性・ターゲット・実施時期などを制作会社に伝えます。この段階では予算やタレントの要否が決まっていないことも多くあります。

STEP 2：ロケ地・キャスト検討

ロケ地の候補、モデルやインフルエンサーなどの検討をします。

＜3カ月前＞
STEP 3：視察、ロケ地決定

ロケ地候補が絞れたら視察に行きます。関係者が一緒に見ることは、これから詳細を詰めていくにあたってのイメージの共有がしやすくなるのでおすすめです。

STEP 4：キャスティング

オーディションを行い、本番の1〜2カ月前にはキャストが確

定できていることが望ましいでしょう。決まり次第、速やかに契約条件をまとめた契約書を関係各所とそれぞれ締結してください。

＜2カ月前＞
STEP 5：演出検討

演出が具体化します。露出イメージを考えながら服装や演技を決めていきます。制作会社から香盤表（撮影に関するスケジュール表）も共有されます。

STEP 6：撮影

動画の撮影の立ち会いを行います。

＜1.5カ月前＞
STEP 7：編集

制作会社によって編集がなされます。だいたい1〜2週間ほどで完成します。

STEP 8：試写会

動画の最終チェックを行います。

STEP 9：納品

納品にあたり媒体を確認します。データで納品してもらう場合は、サイズや使用先も伝えておきましょう。

05 その他の制作物②
目的に合わせて「サイト」を作る

THE MOST IMPORTANT
BASICS OF PR

主なサイト制作には、ランディングページ制作、ブランドサイト制作、コーポレートサイト制作、ECサイト制作があり、目的によって構成やコンテンツ、制作期間や予算などがそれぞれ異なります〈図表39〉。

ランディングページ制作

キャンペーンなどを行う際に作る特設のWebページがランディングページで、インターネット広告で集客したユーザーを、会員登録や申し込み、商品の購入などへ導く役割を持ちます。Webページのレイアウトを決める「ワイヤーフレーム」と呼ばれるものの作成が必要で、イメージサイトとともに制作会社に渡します。

ランディングページ制作の進行モデル

＜3カ月前＞
STEP 1：オリエンテーション
デザインの参考となるサイトの資料を集めて、デザインのトーン＆マナーの方向性や、どんなページが必要かを伝えます。

図表39　サイト制作の種類

ジャンル	ランディングページ	ブランドサイト	コーポレートサイト	EC
目的	コンバージョンの獲得	企業やサービスのブランド理解	企業情報の発信	商品購入
メインコンテンツ	イベントコンテンツキャンペーン情報サービス・商品の購買や資料請求	商品やサービスのこだわりや歴史	企業概要実績採用ページなど	商品購入
サイト構成	1ページ	1〜10ページ程度	50ページ程度	商品に応じて変化
想定予算	100万〜300万円	300万円〜	1000万円〜	300万円〜
制作期間	2〜3カ月	3カ月〜	半年〜	3カ月〜

STEP 2：サイトマップ作成

　サイト全体のページ構成を一覧できるサイトマップを制作会社にもらい、どんな要素を含んだページを作る必要があるかを検討します。

<2カ月前>

STEP 3：ワイヤーフレーム作成

　サイトマップをさらに具体化し、前述のワイヤーフレームを決めます。ワイヤーフレームができれば、構成を考えることができます。

STEP 4：サイト設定の決定

ドメイン名・使用サーバー・見込みのPV（ページビュー）数などを決めます。PV数は、サーバーをレンタルする際に必要になります。

＜1.5カ月前＞
STEP 5：デザイン決定

ランディングページのイメージ、サイトマップ、ワイヤーフレーム、詳細設定が決まったら、デザインを決めます。

＜1カ月前＞
STEP 6：コーディング

実装の段階になり、コンピューターに指示や命令を出すコーディングという作業が始まります。

STEP 7：テスト運用

サイトが問題なく動くかなどのテスト運用を行い、最終チェックをします。

STEP 8：公開

公開後、正常に運用できているかどうか、PCやタブレット、スマートフォンなど複数のデバイスで確認します。

ブランドサイト制作

ブランドサイトは、オンラインショップのような直接的なセールスを目的とせず、ブランドのアイデンティティを伝えていくサイトのこと。人気タレントを起用することで注目度や好感度を上

げたり、わかりやすく商品を紹介する動画コンテンツを掲載したり、生活者の興味を引くようなストーリーやデザインを作ることがポイントとなります。SNSも併用します。

ECサイト制作

インターネットを利用して商品やサービスを売買する小売ビジネスのサイトです。ECサイトは「買ってもらうこと」が目的なので、購入までの導線を短くわかりやすいものとし、離脱を防ぐ必要があります。

顧客や買ったもののデータを集め、分析に活用できるのがECサイトのメリット。最近では小売企業を挟まず、ブランドが顧客に対して直接商品を販売することで流通における中間コストを省くD2C（Direct to Consumer）というやり方が注目されています。

06
THE MOST IMPORTANT BASICS OF PR

デジタルマーケティング施策の事例

　　ジタルマーケティング施策は、商品・ターゲット・状況などによって、適切な手法が変わってきます。すぐに施策の効果を検証ができるからこそ、生活者の購買行動をマーケティングファネルに当てはめ、ステップごとの効果を明らかにして分析できます。2つのモデルケースをもとに、デジタルマーケティング施策の事例をご紹介します。

デジタルマーケティングのケーススタディ1
美容ドリンク「美ドリ」

　忙しい毎日を過ごす働く女性が、数ある美容ドリンク中から「美ドリ」に着目し、購入してもらうというケースです。

　まずは常温保存ができることや賞味期限が長いこと、持ち運びできることなどの特性を知ってもらい、手軽で美容に効果があるものとして認知度を高めることから始めました〈図表40〉。

　ターゲットである働く女性へのアプローチはInstagram広告をチョイス。年齢や居住地、興味関心、既婚・未婚、子どものありなしなどを設定できる機能を使って、20代後半から30代前半までの美容に関心のある独身女性に「美ドリ」を告知しました。また20代後半に支持されているインフルエンサー30名に「美ドリ」

図表40　美容ドリンク「美ドリ」

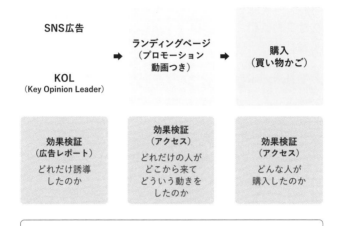

SNS広告

KOL
(Key Opinion Leader)

→ ランディングページ
（プロモーション
動画つき）

→ 購入
（買い物かご）

効果検証
（広告レポート）
どれだけ誘導
したのか

効果検証
（アクセス）
どれだけの人が
どこから来て
どういう動きを
したのか

効果検証
（アクセス）
どんな人が
購入したのか

広告モデルは大元の誘導量が重要視される
（ファネル理論）

を飲んでもらい、それぞれのInstagramにメーカーからプレゼントされたプロモーションであることがわかるように投稿してもらいました。

　このように、企業側からの広告と第三者であるインフルエンサーによるレコメンドを組み合わせることで、説得力を高めるという戦術です。

　Instagram広告からは直接ランディングページに飛べるため、より詳しい商品の情報を読んでもらうことができます。ここには商品の特徴を表すキャッチコピーや、数値を使った「美ドリ」の成分、動画コンテンツ、どういう人に使ってほしいのかという説明、アンケートなどで構成し、医師や美容家など各分野での専門家のコメントを掲載しました。それらを読んで買ってみたくなっ

たユーザーが購入ボタンを押すというのがゴールです。

　離脱数や遷移数など、アナリティクス機能を使って正確な数値で振り返りました。

デジタルマーケティングのケーススタディ 2
クラフトビールレストラン「フラミンゴ」

　東京・北参道エリアに新しくできたクラフトビールレストランが、ビールファンの認知を獲得し、来客数の拡大を図りたいというケースです〈図表41〉。

　近年、クラフトビールが注目されている中で、この店舗は、アメリカ西海岸スタイルのビールの独占販売権を取得し、日本ではここでしか飲めないビールがあるのが特徴。デザインにもこだわりがあり、オリジナルのビールグラスやTシャツなどのノベルティグッズも豊富でした。目玉メニューとして、オリジナルスパイスを入れたカレーライスもありました。

　まずデジタル施策としては、TwitterとInstagramの2アカウントを開設。今日入っているビールの紹介を基本のコンテンツとし、新しいメニューを不定期的に更新していきます。

　オープンの時間には毎日TwitterとInstagramのストーリーズで空席状況をリアルタイムでアナウンスもしました。また、毎月最終金曜日の21時からは、仕入れをしているブルワリーの生産者の人とコラボレーションで、クラフトビールの良さやポイントなどをInstagramライブで配信。フォロワーとコミュニケーションを取りました。

　1000フォロワーを超えるまでには数カ月ほどかかりましたが、コツコツ1年ほど続けていくことで、この店舗のファンが着実に

増え、気づけばフォロワーは1万人、Instagramライブも平均200人ほどが見るものへと成長しました。

　SNSアカウントから実際に店舗に来てくれたユーザーの数は正確に測るのは難しいのですが、「SNSで知らせたキーワードを店舗のスタッフに伝えるとビール1杯半額」などのキャンペーンを行うことで、参考データを取ることもできました。

図表41　クラフトビールレストラン「フラミンゴ」

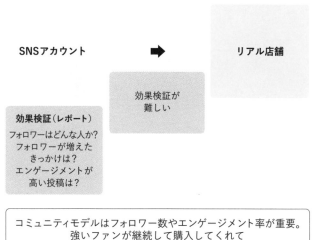

SNSアカウント　　➡　　リアル店舗

効果検証が
難しい

効果検証（レポート）
フォロワーはどんな人か?
フォロワーが増えた
きっかけは?
エンゲージメントが
高い投稿は?

コミュニティモデルはフォロワー数やエンゲージメント率が重要。
強いファンが継続して購入してくれて
拡散・応援してくれるモデルを作る

巻末資料

お役立ち
TIPS集

01 「イベント」のお役立ちTIPS

THE MOST IMPORTANT BASICS OF PR

イベント受付セット

　一般的にイベントの受付では、次のようなものがあればおおむね対応できます。また経営者が多く参加したり、会費が高めだったりというイベントの場合は、名刺受や芳名帳をはじめ各アイテムのグレードを上げるなど、細かいところにも気を配ります。

- ●「報道受付」プレート
- ●名刺受
- ●養生テープ2個〔白・緑〕
- ●芳名帳
- ●筆記用具（ボールペン〔黒〕、ボールペン〔多色〕、水性蛍光ペン、油性マーカー〔黒〕、ハサミ、カッター、ホッチキスと芯、輪ゴム）
- ●消毒対策グッズ

イベントグッズ

首掛け

　しっかりとした紐と透明な柔らかいケースの首掛けは、ラグジュアリーなイベントや、セミナーなどで使用します。終了後に

は回収が必要ですが、回収に人員が割けない場合や、自由内覧・自由解散となり、受付を通らずに帰ることができる場合などは注意が必要です。カジュアルなイベントでは、安価な首掛けを使用します。安いので、イベント終了後に回収する人員が割けない場合にもおすすめですが、軽いので風に飛ばされやすく、屋外イベントでは注意が必要です。また、紐が絡まりやすいので机や棚など置き場所がないイベントには不向きです。

どちらも100個、200個と多数必要になることが多いため、普段からきちんと在庫管理しましょう。

首掛けに入れるカード

首掛けには、それぞれの名刺を入れていただく場合と、「PRESS」「STAFF」「関係者」というように各自の立場がひと目でわかるカードを事前に準備して入れておく場合があります。

プレスパスシール

イベント時には、来場者と取材者、撮影者をわかりやすくするために、「プレスパスシール」をメディアの方にお渡しする場合もあります。ほかのイベントに流用されてしまうことを防ぐ意味でも、イベント当日の日付をこちらで記入して配布しましょう。ご案内するエリアや時間、動画・静止画の撮影をする・しないによって、シールの種類や色を変えることもあります。

抽選券

先着順ではなく抽選で撮影場所を決めるイベントなどでは、メディアの方に引いてもらう抽選券を用意します。抽選券の内容が見えず、かつ引きやすいような封筒や箱なども準備してください。

02 Webマーケティング用語集

Web制作用語

UX（ユーエックス／ User Experience）

Webサイトやアプリ上で、ユーザーが得る体験のこと。「ユーザー体験」「ユーザー経験」などと訳されます。

UI（ユーアイ／ User Interface）

Webサイトやアプリ上で、ユーザーが情報をやり取りする接触面のこと。Webサイトの場合、パソコンやスマートフォンに表示される画像やテキストなどのすべての情報がUIであり、UIを通して得られる体験をUXと呼びます。

CX（シーエックス／ Customer Experience）

ユーザーが商品やサービスなどを認知して購入を検討したり、購入後にそれを使用したり、さらに同じ企業の新しい商品を購入したりといったような、一連の流れの中で得るあらゆる体験がカスタマーエクスペリエンスです。CXを高めることで、顧客はブランドに対して思い入れや愛着を感じ、商品を購入したり、さらにその企業のほかのブランドのものを購入したりといった行動につながります。

SSL（エスエスエル／ Secure Sockets Layer）

インターネット上におけるWebブラウザとサーバーの間での
データの通信を暗号化し、送受信させる仕組みのことです。サイ
ト上に個人情報などを入れる場合は、SSL化をすることが必要に
なります。

Cookie（クッキー）

見ているWebサイトから、各自のPCやスマートフォンの中に
保存される情報のこと。サイトを訪れた日時や、訪問回数など、
さまざまな内容が記録され、この情報をもとに表示するWebサ
イトのコンテンツや広告を変えていくことができます。

SEO（エスイーオー／ Search Engine Optimization）

検索エンジンからサイトに訪れる人を増やすことで、Webサ
イトの成果を向上させる施策のことです。対策する項目は自社サ
イト内だけではなく、サイト外も対象となるため対策が必要です。

LP（エルピー／ Landing Page）

検索をクリックしたときに表示される単一のWebページのこ
とです。インターネット広告から流入したときに表示される特別
に編集したページを指すことが多いです。

CMS（シーエムエス／ Contents Management System）

Webサイトをブログのように簡単に編集するシステム。代表
的なものにWordPressがあります。

Web解析用語

グーグルアナリティクス（Google Analytics）

　登録したサイトに関するデータが無料で分析できるGoogleによるアクセス解析ツール。「ページビューはどれくらいか」「Twitter経由できたユーザーが何人いるか」「使われたデバイスはMacかWindowsか」などのデータを計測することができます。データを計測するためには、それぞれのページに「トラッキングコード」というプログラムが組み込まれている必要があります。自社サイトの良い点や悪い点を分析することで改善すべきことが見えていくため、必ず導入したいツールのひとつです。

PV（ピーブイ／Page View）

　Webページがユーザーのブラウザに表示された回数のことです。Webページの集合体であるWebサイトの閲覧数の指標として使われます。

セッション（Session）

　Webサイトにアクセスして行う一連の行動のことで、「訪問」「ビジット」と同じ意味で使われます。具体的には、Webサイトにアクセスして、そのサイトから出て行くかブラウザを閉じるまでを1セッションとしてカウントします。

UU（ユーユー／Unique User）

　一定の期間内に同じWebサイトを訪れた重複がないユーザーのこと。1人のユーザーがその期間内に何度同じサイトに訪れても1人と数えられます。

リファラー（Referrer）

参照元の意味。リクエストしたページの直前に閲覧したページのURLや、検索サイト、SNSのプラットフォームを判別するときに使われます。

ユーザーエージェント（User Agent）

通信に利用するソフトウェアやハードウェアを識別する文字列のこと。ユーザーの閲覧環境によって最適なサイト表示をさせることに使われることが多くあります。

D2C（ディートゥーシー／ Direct To Consumer）

メーカーがダイレクトに生活者と取引をするビジネスの形態のこと。製造から販売まで一貫する小さな企業が使うことが多く、特にインターネットを使った通販で流通企業を通さないモデルのことを指します。D2Cのプラットフォームが増えたことで、小さな企業が直販に参入しやすくなりました。

インターネット広告用語

IMP（インプレッション／ Impression）

ネット広告やSNS広告の投稿が、ユーザーのブラウザ画面に表示されること。広告が表示された回数は「インプレッション数」と呼ばれます。

CV（コンバージョン／ conversion）

商用を目的とするWebサイト上で獲得できる最終的な成果がコンバージョンで、CVと表されます。たとえば一般ユーザー向

けのECサイトなら「商品の購入」、SNSであれば「フォロー」が
コンバージョンとなったりします。

リーチ（Reach）

　広告を出稿した場合、それがどれだけの人に届いたのか示す指
標のひとつ。掲載された広告がどれだけ多くの人に到達したかを、
Webメディアのタイアップ記事広告であればPV数、バナー広告
ならIMP数で見ます。

フリークエンシー（Frequency）

　ある人が同じ広告を目にする回数（接触頻度）を指します。
リーチと同列で使われることが多いです。

ビューアビリティ（Viewability）

　インターネット広告のインプレッションのうち、実際にユー
ザーが目視できるエリアに広告が表示されること。

デモグラフィック（Demographic）

　人口統計学で用いられるような「生活者の属性データ」のこと
で、年齢や性別、居住地などが該当します。インターネット広告
で細かなターゲティングを行うときに必要になる情報です。

SNS用語

インサイト（Insight）

　SNSごとに用意されている自社SNSアカウントのフォロワーや
投稿を分析するツールのこと。SNSの効果測定には必要不可欠な

ものです。

エンゲージメント（Engagement）

ユーザーの行動を指標化する数値で、ユーザーとの親密さ・結びつきを表します。たとえばTwitterであれば、いいね数、コメント数、RT数、クリック数、プロフィールの閲覧など、ユーザーのアクション全般を指します。

エンゲージメント率

エンゲージメントをフォロワー数で割って算出された数をエンゲージメント率といい、アカウントのファンの質を表す数字として使われます。たとえば、インフルエンサーをアサインしようとする場合、投稿ごとのエンゲージメント率が極めて低ければ、「フォロワーをお金で購入した悪質なアカウント」であることが考えられます。しかし、フォロワーが多くなればなるほど一般的にエンゲージメント率は減っていくため、ある程度の配慮は必要です。

ソーシャルリスニング（Social Listening）

ソーシャルメディアから生活者の生の声を集めて分析し、マーケティングに役立てる手法のことです。

会社やブランド、商品に対する評価や評判を把握することで、今後の改善に活かし、生活者に寄り添ったマーケティング戦略につなげることが目的です。分析ツールには「ヤフーリアルタイム検索」などの無料のものや、「ソーシャルインサイト」という有料のものなどがあります。

炎上

インターネット上において、不祥事の発覚や失言・詭弁などと判断されたことをきっかけに、非難・批判が殺到して、収拾がつかなくなっている事態や状況のこと。

IGTV（アイジーティーヴィー／ Instagram TV）

Instagramのフィードで動画を投稿する場合は60秒以内という制限がありますが、IGTVではスマートフォンの全画面表示を使い、最大60分までの動画を共有できるため、視覚と聴覚へのダイナミックな訴求が可能です。

インスタライブ

Instagram上のオンラインライブ配信の機能のことです。質問機能やコラボ配信機能があり、いわゆるインスタグラマーなどがフォロワーとのコミュニケーションの手段として使っています。

ライブコマース（Live Commerce）

ECとライブ配信を掛け合わせたもので、ライブ配信を見ながら商品を購入できるような通販の形態です。従来のテレビショッピングのインタラクティブ版で、視聴者はリアルタイムで出品者・販売者に対して質問やコメントをしながらショッピングをすることができます。インスタライブやYouTube Liveなどのプラットフォームを利用して行われます。

「プレゼンテーション」の
お役立ちTIPS

「説明」とは違う、「プレゼン」のコツ

説明は「状態を正しく伝えること」で、プレゼンテーションは「良い印象を与え、共感を得ること」です。そのためには「状態」と「見解」を意識することが大切で、そのバランスによって良いプレゼンテーションになります。

状態とは、簡単に言えば事実のことで、たとえば「イベントの企画を丸の内で実施」というのは状態だけを伝えたもの。そこに「丸の内エリアにはターゲットになる20〜30代OLが多いため効果的」という理由を付け加えることが見解です。

上司が「寒かった」と言ったときに、部下が「気温は4度です」と答えるのも状態で、「気温は4度ですし、私も寒いと思っています」という見解を伝えることでコミュニケーションが成立していきます。

プライベートでは見解まで入れて伝えることができる人が、ビジネスシーンになった途端に状態しか伝えられないということもよくあるので、両者をバランスよく伝えることを意識しましょう。

深さをつけるコツは、「2つの目線」を行き来すること

　たとえをいくつか話すことで具体的なことを伝えつつ、それらの共通点として「まとめ」の話をするなど、具体から抽象に向かうことで、説得力が高まり、「深さ」が出てきます。さらに、客観的な視点と主観的な視点を織り交ぜて話すことで、伝えたい部分を効果的に際立たせることができます。

印象と共感を与えるための7つのテクニック

①相手の目を見る

　書類や画面ばかり見ず、相手の目を見て話しましょう。

②抑揚をつける

　資料の読み上げではなく、最も伝えたいところにアクセントをつけるなど、感情を込めて伝えます。

③間を取る

　早口になりすぎないことも大切ですが、話すスピードの速さに加え、適切な間が取れているかで印象が変わります。

④自分の言葉で話す

　特別にきれいな言葉ではなくても、「自分が話しやすい素直な言葉」を使います。

⑤具体例を盛り込む

　他社実績を紹介したり、「たとえば……」というサンプルを組み込んだりしながら話します。

⑥論旨をずらさない

　最も伝えたい結論から外れないように論理を展開します。具体例やイメージを伝えようとし過ぎて瑣末な話にならないように注意します。

⑦相手のリテラシーを意識する

　専門用語のオンパレードにならないこと。話し相手の理解度によって、使う言葉を変えていきます。

おわりに

　本の冒頭でもお伝えした通り、PRとは「社会との良好な関係性を構築すること」を目的としています。

　それぞれの事業や活動においてその目的を達成するためには、常にさまざまな手法を駆使していかなければなりません。

　本書はその考えの下、30年以上にわたりPR会社として実践してきたサニーサイドアップが、社員の基礎知識インストールのために作った社内マニュアルが基となっています。

　広報を学び始めたばかりの方をはじめとして、PRに関わるすべての方の「基本ガイドブック」として活用していただければ幸いです。

　時代や社会が大きく変わっていくことに合わせて、当然、PRに求められる役割や考え方も大きく変わっています。

　本書で業務内容の基本を押さえた上で、「最新のPRのトレンドや考え方」「新しい広報の手法」などを足し算・掛け算していくことで、ぜひPRの実践力を高めていってください。

　本書で得た知識やノウハウで、みなさんが世の中にひとつでも「たのしいさわぎ」をおこしてくれたら、これほどうれしいことはありません。

　最後までお読みいただきありがとうございました！

筆者一同

THE MOST IMPORTANT BASICS

OF

PR

Taught by

SUNNY SIDE UP Inc.

【編著者略歴】

株式会社サニーサイドアップ

吉田 誠（よしだ・まこと）

PRプランナー・アカウントプランニング部部長。2008年入社。BtoBからBtoCまで幅広い企業の広報・PR企画を立案。社会的課題や生活者インサイトを捉えたストーリー性のあるPR戦略の策定を得意とし、実績も多数。企業向けの広報セミナーなども数多く行っている。

亀山 一樹（かめやま・かずき）

PRプランナー。2018年入社。前職が広告代理店ということもあり、PRの領域だけでなく、広告コミュニケーション全般の企画を立案。サニーサイドアップでは、幅広い業種のお客さまのPR／コミュニケーション戦略を策定。

協力：サニーサイドアップ社内マニュアル編集チーム

制作協力：平田静子（ヒラタワークス株式会社）

サニーサイドアップの手とり足とりPR

2021年 5月11日　初版発行
2023年 8月 4日　第3刷発行

発 行　**株式会社クロスメディア・パブリッシング**

発 行 者　小早川 幸一郎

〒151-0051　東京都渋谷区千駄ヶ谷4-20-3 東栄神宮外苑ビル
https://www.cm-publishing.co.jp

■本の内容に関するお問い合わせ先 ………………… TEL (03)5413-3140／FAX (03)5413-3141

発 売　**株式会社インプレス**

〒101-0051　東京都千代田区神田神保町一丁目105番地

■乱丁本・落丁本などのお問い合わせ先 ……………………………… FAX (03)6837-5023
service@impress.co.jp
※古書店で購入されたものについてはお取り替えできません

ブックデザイン　金澤浩二
校正　小倉レイコ
印刷・製本　中央精版印刷株式会社
©SUNNY SIDE UP Inc. 2021 Printed in Japan

編集協力　吉岡奈穂
図版制作　長田周平
ISBN 978-4-295-40533-7　C2034